Inhalt

Vorwort

Manchmal genügt ein einziges Jahr, um die Welt zu verändern. Nachdem die Bürgerinnen und Bürger der DDR im Herbst 1989 in einer friedlichen Revolution die Berliner Mauer und die SED-Diktatur gestürzt hatten, wurde am 3. Oktober 1990 die deutsche Einheit verwirklicht. An diesem Tag ging auch die DDR in die Geschichte ein. 25 Jahre ist das nun her. Dieses Vierteljahrhundert, in dem die Menschen in ganz Deutschland in Freiheit und Demokratie leben können, hat es auch mit sich gebracht, dass die Erinnerungen an den „Arbeiter- und Bauernstaat" und an die deutsche Teilung langsam verblassen. Dies gilt besonders im Hinblick auf junge Menschen, die über keine eigenen Erfahrungen aus dieser Zeit mehr verfügen.

Wenn wir jetzt das Einheitsjubiläum feiern, so freuen wir uns darüber, wie sehr Deutschland in den zurückliegenden 25 Jahren ein Land geworden ist. Doch es gilt auch festzuhalten, dass Erfahrungshorizonte, Denkweisen und Handlungsgewohnheiten zwischen Ost und West teilweise noch immer voneinander abweichen. Das muss uns nach Jahrzehnten der Teilung nicht wundern. Doch es ist wichtig, dass wir es wissen und uns deshalb gegenseitig noch besser kennenlernen. Das kann gelingen, wenn wir miteinander ins Gespräch kommen oder, vielleicht noch besser: einander zuhören. Die aus dem Westen denen aus dem Osten. Und umgekehrt. Damit wir verstehen, wo wir herkommen, wie wir gelebt haben, was uns geprägt hat und was uns wichtig war.

Mein Freund Matthias Storck unterbreitet uns dafür ein unwiderstehliches Angebot. Er weiß genau: Geschichte lebt durch Geschichten. Durch persönliche Erlebnisse und Erfahrungen. Deshalb erzählt er sie uns, ganz direkt, sehr emotional, schonungslos offen. Er lässt uns teilhaben an seinem Leben, nimmt uns mit ins Berlin seiner Kindheit und Jugend, in die kargen Zellen der DDR-Zuchthäuser, ins Notaufnahmelager Gießen und schließlich nach Ostwestfalen, wo er nach seinem Freikauf heimisch wird.

Er bietet uns einen lebendigen und authentischen Zugang zur Vergangenheit und wird zum Brückenbauer. Er baut Brücken in die Geschichte und er baut sie zwischen Ost und West. Für die Erlebnisgeneration ebenso wie für die Generation der Nachgeborenen. Mit seinen Geschichten schreibt er im besten Sinne Geschichte.

Wenn wir sein Buch lesen, verstehen wir besser, wie sich die Ereignisse und Entwicklungen konkret auf das Leben und das Schicksal der Menschen ausgewirkt haben, ja sogar, wie sie sich angefühlt haben. Er beschreibt ebenso lesenswert wie eindringlich, wie es einem einzelnen Menschen in der SED-Diktatur ergehen konnte, wenn er sich unangepasst verhielt und das herrschende System mutig zu hinterfragen wagte. Die Konsequenzen konnten schwerwiegend sein, ja das gesamte Leben für immer verändern. Unbarmherzig und willkürlich verfolgte das Regime Andersdenkende, sperrte sie ein und versuchte, sie zu entwürdigen und zu brechen. Politische Haft, so wie Matthias Storck und seine Frau Christine sie erleben mussten, ist damals wie heute eines der wichtigsten Kennzeichen von Diktaturen. Aber auch die Korrumpierung von Menschen durch Druck und Lüge, die manchmal bis zum Verrat an Freunden, ja sogar an Familienmitgliedern führen konnte, ist ein solches Merkmal.

Die Erinnerungen an eine so schmerzhafte Vergangenheit aufzuschreiben und sein Innerstes nach außen zu kehren, kann einem Menschen dabei helfen, wieder frei zu werden in seinem Denken und Handeln. Zugleich zeigt das bewegte Leben von Matthias Storck, wie gewinnbringend es für uns alle zu sein vermag, sich mit individuellen Schicksalen aus der Zeit der DDR zu beschäftigen. Ich bin mir sicher, dass sich Menschen in West- und Ostdeutschland, gerade auch viele junge, dazu ermuntert fühlen werden, in ihrem persönlichen Umfeld Fragen zu stellen und Antworten zu suchen, um das Wesen der SED-Diktatur zu begreifen. Denn erst die individuellen Erinnerungen bilden die Mosaiksteine im Geschichtsbild unseres Landes und zeigen uns, wie dankbar wir heute sein können für ein Leben im vereinten Deutschland in Demokratie und Freiheit.

Rainer Eppelmann
Vorstandsvorsitzender der Bundesstiftung
zur Aufarbeitung der SED-Diktatur

Himmelunter

Anfang der 1970er-Jahre saßen zwei Pfarrerskinder in Ostberlin an der Weidendammer Brücke.

Die beiden rauchten heimlich eine Zigarette und hängten ihre Gedanken wie gewohnt in die Spree, die an dieser Stelle von Ost- nach Westberlin floss. Wasser ist ein beruhigender Lehrmeister für den Gang der Welt. Es rückt vieles zurecht. Erst sammelt der Wasserspiegel das Licht ein. Dann Dächer unten, Häuser und Türme. Es folgen Brückenpfeiler, Baumkronen und Ufergras. Selbst Erinnerungen stehen im Fluss auf dem Kopf. Himmelunter schwankt die Stadt merkwürdig. Ganze Straßenzüge haben sich losgemacht von allen Fundamenten und hängen hilflos vom Himmel. So viel trotzige Aufsässigkeit musste den beiden gefallen. Und angesichts dieses Schauspiels schworen sie einander voller Inbrunst drei Lebensgrundsätze:

1. Ich werde niemals Pfarrer.

2. Ich höre niemals freiwillig Johann Sebastian Bach.

3. Meinen 65. Geburtstag werde ich keinesfalls zu Hause feiern. Ich gehe zum Grenzübergang Friedrichstraße und nehme die erste S-Bahn nach Westberlin.

Dieser verzweifelte Schwur lässt deutliche Rückschlüsse auf das Maß kindlicher Leiden im ostdeutschen evangelischen Pfarrhaus zu.

Jahre später begegneten sich die beiden Leidensgefährten.

Beide sind Pfarrer.

Bach wird uns den kindlichen Zorn nachsehen. Den

Weg ins Herz hat er, allen Vorsätzen zum Trotz, bei beiden gefunden. Und den Westen – gibt's nicht mehr. Gut, dass der liebe Gott nicht auf uns gehört hat.

Kalter Krieg

Im märkischen Sommer lag ein tiefblauer Himmel mit weißen Wolkenbergen in der Taufschale. An Taufsonntagen jauchzte das Harmonium in der kleinen Dorfkirche. Anders im Winter. Im Taufstein gefror schon mal das Wasser. Eltern und Paten hatten weiße Nebelfahnen vor dem Mund. Die Taufmutter hatte das Kind samt Kissen in eine dicke Wolldecke gehüllt, aus der nur der helle Saum des Taufkleidchens lugte. Der Küster brachte heißes Wasser und goss es in die Taufschale. Der Dampf zeigte den weiten Weg nach oben. Der Pfarrer war mein Vater. Im Winter schien er die Worte aus Barmherzigkeit schneller zu sprechen. Taufbefehl, Vaterunser, Tauffragen, Taufe. „Hirte, nimm das Schäflein an." Das Harmonium seufzte.

Der rotgelbe Herrnhuter Stern schwamm in der Taufschüssel, bis der Küster mit dem Wasser ein Loch in den Schnee auf dem Kirchhof machte.

Es war Kalter Krieg.

Wenn mir die Predigt zu lang wurde, taufte ich im Stillen die Wörter aus dem Gesangbuch. Nur Sonntagswörter. Ich schrieb sie in die Gewölbe und sah zu, wie sie sich im Taufwasser spiegeln. Zion, Ölberg, Gethsemane, Jericho. Später auch Erlösung, Kreuz, Reich Gottes, Auferstehung, Ewigkeit, Leben, Hoffnung, Gnade, Herrlichkeit. Nicht getauft wurden Alltagswörter. Schulheft, Kohleneimer, Wäscheklammer, Bürgersteig, Regenpfütze (obwohl in einer einzigen ungetauften Pfütze der ganze Himmel zu sehen ist).

In die meisten Wörter wuchs ich hinein. Sie änderten behutsam ihre Schwere, wechselten sanft ihre Farbe, färbten leise ihren Ton, manchmal drehte sich ihr Sinn. Beim ersten Hören ist der Advent violett, die Buße tiefdunkel, Ostern lichtgelb.

Das Wort Obhut ist groß und rund, das Wort Zuflucht schnell und sicher. Die schönsten Wörter gibt es zu Weihnachten. Sie müssen nicht verstanden werden. Sie trösten und wärmen schon beim ersten Hören wie ein Taufkleid. Bevor Gott in Bethlehem zur Welt kommt, hat er schon bergende Namen. Wunder-Rat, Gott-Held, Ewig-Vater, Friede-Fürst.

Getaufte Wörter machen aufsässig. Es bleibt wichtig, wer sie wie sagt. Einige werden lebendig, andere machen lebendig. Manche sind zweischneidige Messer. Viele Wörter zeigen erst im Umgang, ob sie getauft sind.

Als Kind glaubte ich leicht, was ich dachte. So wusste ich früh und genau, Taufe ist Eingetauchtwerden vor Gott. Damit war ich zufrieden. Wort war Wort. Wasser war Wasser. Gott war Gott. Hirte war Hirte. Später glaubte ich schwerer. Jetzt hieß Taufe schon mal: Untertauchen. Dabei blieb es lange. Im Studierzimmer meines Vaters hing das berühmte Kreuzigungsbild von Matthias Grünewald mit Johannes dem Jünger, der noch lebt, und Johannes dem Täufer, der schon umgebracht worden war. Beide stehen im roten Gewand vor einem pechschwarzen Himmel unter dem gekreuzigten Christus. Der Jünger hält Maria im Arm, ihr Gesicht ist starr wie ein Stein. Der Täufer hat in der linken Hand ein offenes Buch. Sein Zeigefinger an der Rechten ist berühmt, weil er viel zu lang ist. Er zeigt auf den getöteten Christus. „Dieser Finger ist die ganze Theologie", sagte mein Vater.

Als ich den Jordan das erste Mal sah, war er eine smaragdene Glaswand, die über den Horizont reichte. Während Johannes hier taufte, lag die Sonne im Wasser. Alle, die zu ihm kamen, zog er aus der täglichen Flut in ein anderes Licht. Am Ende taufte er Gott selbst. Seither steht der Himmel offen.

Hochmütig sein heißt vergessen, dass ich getauft bin.

Die kleine märkische Dorfkirche ist verwaist. Es gibt keine eigene Pfarrstelle mehr. Aber seit geraumer Zeit hat das Kirchlein Fußbodenheizung. Die frischroten Gewölberippen springen in den Schlussstein. Der zeigt eine weiße Taube.

Im Taufstein friert es nicht mehr. Der Kalte Krieg ist vorbei.

Heimleuchtende Verhaftung

Am Nachmittag des 2. Oktober 1979 wurde ich in Greifswald von zwei Männern auf offener Straße gewaltsam in einen ockergelben Wagen der Marke „Wartburg" verfrachtet, wie ein Dieb. Sie drückten mich auf den hinteren Mittelsitz. So hatte ich durch das vordere Wagenfenster einen weiten Blick auf die entgegenkommende Landschaft. Als wir die Stadt verließen, ahnte ich: Die Fahrt bedeutet das Ende der Freiheit. Dieser Gedanke setzte blitzschnell einen inneren Schutzmechanismus in Gang. Meine Seele fotografierte mit Dauerauslöser Bild für Bild und lernte alles auswendig. Nach Stunden erreichten wir Berlin. Pankow, Prenzlauer Berg, Mitte. Die Fahrt endete auf dem Gefängnishof des Untersuchungsgefängnisses Keibelstraße. Es war schon dunkel, die vergitterten Fenster warfen gelbes Neonlicht. Das Verhör dauerte die ganze Nacht. Am nächsten Morgen wurden mir Uhr, Ring und Gürtel abgenommen, auch die Schnürsenkel musste ich aus den Schuhen fädeln. Handschellen! In einem fensterlosen Lieferwagen ging es in die U-Haft Berlin-Pankow. Gesicht zur Wand. Die Zellentür fiel ins Schloss.

So allein war ich noch nie. Aber meine Seele hatte im Verborgenen geschuftet. Sie hatte die ganze Fahrt über Bilder eingesammelt. Mitten in dieser Finsternis bereitete sie mir mit den gespeicherten Momentaufnahmen der unfreiwilligen Autofahrt ein unvergessliches Freudenfest: Die Abendsonne fuhr noch einmal kräftig in die alten pommerschen Alleebäume an der Fernstraße 96 und entfachte ein herbstliches Farbenfeuer. Das Abendrot küsste die Wiesen. Der Hahn auf dem Domturm blitzte fröhlich auf. Kastanien und Linden ließen abwechselnd die Kronen brennen, nur für mich. An einer Bushaltestelle winkte lachend ein Kind. Das Kopfsteinpflaster einer Ortsdurchfahrt kribbelte freudig im Bauch, tiefroter, wilder Wein nahm einen Kirchturm gefangen. Neubrandenburg ließ seine Backsteintore glühen. In Pankow quietschte eine beleuchtete Straßenbahn in der Kurve, ein Schaufenster verscheuchte die beginnende Dunkelheit mit ausgestellten Büchern. Die alte Pfarrkirche stellte sich uns in den Weg. Ihr helles Geläut rief Erinnerungen zusammen. Urplötzlich fanden sich bekannte Lieder, uralte Gebete, einzelne Bibelverse zu einem lebhaften Gedränge in der Zelle ein. Geglaubtes und Unglaubliches, gesungen und gesprochen von vertrauten Stimmen. Die „Gemeinschaft der Heiligen" machte mir die Nacht zum guten Dunkel.

Der „Lichtwurf" mit den Hundertwattgespenstern über der Zellentür beim stündlichen Rundgang der Bewacher vermochte mir nichts davon zu rauben.

Sprachgesellen

Der erste Augenblick entscheidet. Der Moment, der Endgültigkeit verkündet. Das Vage erstarrt. Es macht einer bitteren Gewissheit Platz. Was ich bis jetzt für einen Irrtum hielt, wird die Wahrheit. Und bleibt Wahrheit. Verhaftet. So sieht das also aus. So riecht und schmeckt das.

Verhaftet. Ein Wort, das sonst nur in Krimis vorkam. Jetzt hat es mich erwischt. Und ich bleibe ich. Und der Knast bleibt Knast, Wärter bleibt Wärter. Unvorstellbar war es bis gestern. Ab heute ist es normal.

Die mich bewachen, werden mit der Zeit immer vertrauter. Die Pritsche wird meine Pritsche, der Spind wird mein Spind, die Decke wird meine Decke, die Zelle wird meine Zelle. Mein Leben bleibt mein Leben. Aber völlig verändert. Vorher war ich draußen. Jetzt bin ich drinnen. So schnell geht das.

Niemand sieht mich. Ich stelle fest, dass das Fenster das Licht nicht heil lassen kann. Die Sonne wird krank, wenn sie sich an diesem Fenster Tag für Tag die Strahlen bricht.

Der Himmel kommt auch nicht durch. So ist das.

Die Wände sind mit einem braunen Ölsockel gestrichen. Alles andere dreckiggelb. Die Matratze spielt den Farbklecks. Und der Klodeckel aus gelbbraunem Holz macht auf vornehm. Die Tür dunkelgrüngrau. Solche Farben muss sich erst einer ausdenken.

Über der Tür wieder eine nackte Hundertwattbirne.

Die Decke war einmal weiß. Ein paar Millionen Häftlingsatemzüge zuvor.

Das Leben malt Bilder. Eine grüne Wiese mit Gänseblümchen und Schmetterlingen, einen Baum, der was von seinem Laub abgibt. Wilder Wein, der sich den grauen Putz hochmalt, neue Farben jeden Tag.

Einsamkeit will eingeübt sein. Die Seele braucht, schreibt Paul Gerhardt, stille „Sprachgesellen".

Meine erste Übung ist Wörtermerken. Zum Beispiel: Schafgarbe, Langmut, Wegwarte, Klatschmohn, Holunder, Ginster, Muttersprache. Wer erkennt so was noch von allein nach einem Jahr ohne Sommer? Ein anderes Spiel: Feinde verjagen. Alle Plätze im Gedächtnis werden gebraucht. Meine Klassenlehrerin muss weg. Die Schulrektorin und der Professor für Praktische Theologie, ein Spitzel. Wir schließen sie in die Aktenschränke des Vernehmers.

Löwenzahnblätter verwegen gezackt, wer merkt sich so was? Oder das helle Violett der Stockrosen im Mittsommer. Ich schlage Nägel in die Zellenwand. Die Schatten einer Kiefer mustern den Hügel. Aber den Gesang einer Lerche, wenn sie abschwingt oder den Ruf der Wachtel, wo verstecke ich das vor den Wächtern? Und den Duft der Linden. Die aufgespannte Ruhe vor dem ersten Regentropfen und das Geräusch des erlösenden Wolkenbruchs auf dem Kopfsteinpflaster während der Sommergewitter ...

Wohin damit? Die Seele läuft über.

Vielleicht ist es das, was sie wollen. Aber mich interessiert nicht, was die wollen.

Können wir wollen, was wir wollen? Dieser seltsame Satz Schopenhauers verliert unter diesen Umständen seinen Sinn. Denn jeder hat diese Frage schon beantwortet, ehe der erste Schlüssel singt.

Jedes irdische Ding kann uns ein ewiges Ding lehren. Irgendwo las ich das. „Die Himmel erzählen die Ehre Gottes.“ Ich habe diesen Psalm im Greifswalder Dom gesungen, in einem vielstimmigen lebendigen Chor. Ich war von dem überzeugt, was da erklang. Ich sang mir die Seele fast aus dem Hals.

Der Dom war tief in den Himmel gebaut. Stein für

Stein. Die Morgensonne war ergriffen vom Hohen Chor. Rote Backsteine gaben ihr Halt für den Vormittag.

Wohin mit dem Licht?

Keinesfalls durfte es in den Träumen häuslich werden. Nachts muss man schlafen im Knast.

Falsches Gepäck

Ich und im Knast! Das meiste hatte ich zu Hause gelassen. Aber ich habe immer noch zu viel falsches Gepäck. Wie auch, wenn sie dich von der Straße fangen? Ich habe den Kopf voller Samisdat. Jede freie Minute Manuskripte lesen. Fotografierte Seiten sortieren. Im Dunkeln. Ganze Bücher hat A. Seite für Seite abfotografiert. Wir mussten sortieren. Ich habe aber nicht alles gelesen, was in der Dunkelkammer lag. (Das letzte war von Bahro, „Die Alternative".) Wenn ich dafür in den Bau gekommen bin, hat sich's eigentlich nicht so richtig gelohnt. Was wollen die wirklich von mir?

Ich habe, kurz vor der Verhaftung, einen Liederabend gemacht. Nicht alles für die Ewigkeit, aber umso besser auswendig gelernt. Im Hinterzimmer einer Kneipe in Greifswald. Dreißig Leute waren gekommen. Texte aus Heines Wintermärchen als Rahmen, Brecht zum Vorzeigen, Biermann und ein paar eigene Lieder heimlich dazwischen. Alles fest im Gepäck zum Mitnehmen.

Wieder im Barkas quer durch Ostberlin. Im anderen

Kabuff regt sich was. Wetthusten wie immer. Eine Frau. Wahrscheinlich Tine. Es wird alles immer mehr Tine. In der Erinnerung türmen sich am Ende die Gewissheiten, dass es jedes Mal Tine war. Aber selbst das Husten kann gefälscht sein. Der Wächter brüllt: „Ruhe dahinten!"

Die Straßenbahn quietscht draußen um die Kurve. Sie quietscht durch die Seele. Ist es die 46, die 49 oder die 22?

Das Metallgeräusch verrät nur die Hälfte. Wie das Husten.

In welcher Zelle ist hier wer und warum?

Ich räume meine Seele in den Spind. Ich besitze ja sonst nichts. Aber die Bilder muss ich auslagern. Ich brauche Platz, um das hier zu überstehen.

„Meine Seele erhebt den Herrn, und mein Geist freuet sich Gottes, meines Heilandes." Die Zelle ist ziemlich dicht. Die im Altbau sind etwas höher und haben Tonnengewölbe.

Kiste zum Schlafen, Hocker, Spind und unten an der Schlafkiste ein Tisch zum Ausklappen. Klosett ohne Deckel, daneben das Waschbecken.

Für so eine Zelle braucht die Seele nicht viel Platz. Aber Geduld.

Die Zeit zerreißt sich selbst. Die Langeweile darf nicht eingelassen werden. Es kann passieren, dass einer vor Langeweile zugrunde geht. Noch langsamer als im richtigen Leben.

Die Uniformen, grüngrau, graue Kragenspiegel. Stasi-U-Haft. Tote Farbe.

Die Jünglinge, die uns bewachen, haben keine Geschichte, werden auch nie mehr eine haben. Wenn alles so bleibt, werden sie auch keine brauchen.

Aber meine Geschichte hat schon angefangen.

Im falschen Land an der falschen Stelle geboren. Für meine Bewacher ein eindeutiger Sachverhalt.

Heißt das für mich gleich: im richtigen Land an richtiger Stelle?

Das wird sich zeigen. Kommt darauf an, wie stark der Gott ist, der mir das nicht erspart.

Ich muss das Auge im Spion ertragen. Ob ich gehe oder stehe, selbst, wenn ich auf dem Klo sitze. Beobachtet werden, selbst beim Pinkeln. Aber darin habe ich ja schon Übung. Mir fällt die Fahrt nach der Verhaftung ein. Zwischen Greifswald und Neubrandenburg, an der Fernstraße 96, sagte ich:„Ich muss mal!"

Keine Antwort.

„Ich mache Ihren Wagen nass, wenn Sie nicht anhalten!"

Der Fahrer hielt im Halteverbot an einem der Alleebäume. „Aussteigen!", sagte er unwirsch. Die beiden Hintermänner kamen mit raus, einer rechts, einer links. Einer hatte die Hand an der Pistole in seiner Tasche, der andere schaute mir über die Schulter. Er roch aus dem Mund.

Aber die riesige Kastanie streichelte mir mit tausendmal fünf Fingern sanft die Seele. Nie wieder lernte ich einen Baum so schnell und gründlich auswendig. Der liebe Gott hat ihn mir persönlich in die Seele gemalt. Danach musste ich nur noch die Augen schließen, und der riesige Baum stand mitten in meiner Zelle. Zum Ärger der Wächter versteckte ich mich dahinter, wenn ich aufs Klo ging.

Augenzuflucht

Augen zumachen half fast immer. Wenn die Neonröhre direkt über meinem Gesicht ihr kaltes Licht abregnete, hielt ich mir die Augen zu. Dann dauerte es nicht lange und ich bekam lebendigen Besuch.

Ich nannte diese Übung Augenzubesuch. Zuerst suchte ich mir Namen zusammen. Zu den Namen die passenden Charaktere, zu den Charakteren passende Gedanken, Dialoge und Handlungen. Hatte ich alles beieinander, lernte ich es auswendig. Niemand konnte mir derartige Manuskripte im Kopf zerreißen. Bald war ich so trainiert, dass schon einzelne Wörter ganze Welten beherbergen konnten.

Mein unsichtbarer Besuch kam nie mit leeren Händen. Erinnerungszitate waren die schönsten Geschenke. Ich konnte sie mir immer von Neuem ins Gedächtnis rufen. So rief ich etwa: „Machet die Tore weit und die Türen in der Welt hoch!", und staunte, was dann begann: Kaum hatte ich den Psalmvers gesprochen, wurde er mir zur Wahrheit. Die Riegel sprangen auf. Ich ging hinaus und konnte mir aussuchen, wohin.

Ich machte mich auf den Heimweg, das hieß, in mein Dörfchen am Rand von Berlin. Die alte Kirche auf dem Friedhof sah ich schon von Weitem zwischen den Linden an der Bucher Straße. Ich ging ganz langsam und sah, wie am Wegrand das Gras die alten, dicken Stämme umtanzte. Die Teerdecke glänzte schwarz in der Sonne. An ein paar Stellen kamen die Kopfsteine wieder durch. Diese Straße führte mir mitten ins Herz. Ich sah das Küsterhaus. Die Winterkirche fiel mir ein: ein kleiner Saal, mit gelbbraunen Stühlen, einem Holzkreuz, einem Altartisch. Vielleicht passten dreißig Leute hinein. Es war voll. Sie sangen: „Macht hoch die Tür, die Tor macht weit." Die „Zweiglein der Gottseligkeit" reichten bis in meine Zelle. Hellgrün wie der Buchsbaum. Für diese kleinen Fluchten mit geschlossenen Augen fand ich ein schönes, doppelbödiges Wort: Augenzuflucht. Es enthält beides, eine Flucht mit geschlossenen Augen und eine Zuflucht für die Augen. Mein Herz war dann manchmal ein Tempel mit schlanken dorischen Säulen oder eine große gotische Kirche wie der Greifswalder Dom oder nur die kleine Dorfkirche meiner Kindheit. Vorn am Altar stand der einarmige Küster und zündete die Kerzen an. Ihn hatte ich besonders ins Herz geschlossen. Er sagte immer, der fehlende Arm habe ihm das Leben gerettet. Es war sein Heimatschuss. Sonntags trug er einen schwarzen Anzug. Aus dem Ärmel, der sonst leer herunterhing, schaute unter einer weißen Manschette eine Hand mit einem schwarzen Lederhandschuh hervor. Wenn er in der Woche die Wiesen mähte, hatte er einen eisernen Unterarm, in den er den Sensenstil einspannte.

Er mähte schneller und besser als die meisten mit zwei Armen.

Sein rechter Arm war unglaublich stark. Er hob oft allein die Gräber auf dem Friedhof aus.

Ich habe oft vor diesen Löchern gestanden und hineingeschaut.

Die Sonne fiel hinein.

Einmal, im Advent, mischte sich der „König der Ehren" selbst unter meine unsichtbaren Besucher. Er brachte alle mit, die ihm die Straße säumten. Zum Beispiel meinen Dorf-Posaunenchor, der mir ein Ständchen brachte. Augenblicklich waren alle alten Erinnerungen hellwach.

Als die Jungs mich also besuchen kamen, setzten sie sich auf die freie Pritsche, stellten ihre Notenständer auf und spielten „Ewigkeit, in die Zeit leuchte hell herein". Damit meinten sie für den Augenblick die Neonlampe. Aber was machte das? „Das ewig Licht geht da herein, gibt der Welt ein' neuen Schein." Sie spielten voller Inbrunst. Vieles klang, zugegeben, etwas ironisch hier. Einer gab mir sein Flügelhorn, und ich spielte in der zweiten Stimme mit. Eine willkommene, gute Abwechslung im Zellenalltag. Ich war dankbar für dieses Ständchen.

Meine unsichtbaren Besucher verabschiedeten sich und gingen, unbemerkt von den Posten, wieder hinaus durch Türen und Schleusen. Sie hatten ja noch andere zu besuchen. Die Posaunen und Hörner unterm Arm, gingen sie voll freudiger Erwartung vom Hof. Mein Herz hatte sich gemerkt, wie die Gesichter aussahen. Ich ahnte, dass Novemberwind und Regen sie draußen kräftig zausen würden, denn die Sonne hatten sie ja vorerst bei mir in der Zelle gelassen.

Der mürrische Posten konnte sie weder kommen noch gehen sehen, er hatte nur einmal an die Tür gehauen, bei „Tochter Zion", und gerufen: „Links!", damit meinte er mich, „Singen einstellen!" Die Bläser hatte er gar nicht bemerkt.

Niemöllers Bibel

Der Offizier hat extra die Tür aufgeschlossen. Dann hat er sie hereingereicht. Lutherübersetzung 1912. Nicht einmal einen Tag war ich ohne Bibel.

Das verdanke ich dem Pfarrer Martin Niemöller. Über ihn hatte ich gelesen, dass er im Konzentrationslager Sachsenhausen als „persönlicher Gefangener Hitlers" eingeliefert worden war. Als er aus dem Auto in die Zelle verfrachtet wurde, fragte ihn der Kommandant: „Ist noch was?"

Geistesgegenwärtig habe er geantwortet: „Aber ja! Ich brauche mein Neues Testament!"

Er bekam es prompt.

Nach dieser Lektüre hatte ich mir angewöhnt, mein griechisches Neues Testament immer in der Tasche zu tragen. Für den Fall der Verhaftung. Erstaunlich war, dass genau diese Szene sich wiederholen ließ und mir tatsächlich zu meiner Bibel verholfen hat.

Ich sehe mich in der Aufnahmezelle. Nackt und bloß an Seele, Herz und Leib. Gerade haben sie mir die Kniebeuge abverlangt. Jeder „Neuzugang" wurde auf diese Weise untersucht, ob er Kassiber oder sonstiges im Hintern hatte. Die Zivilsachen sind gegen die Knastgarderobe getauscht, sogar mit einer gewissen Erleichterung, denn die Klamotten stanken nach dem Tag- und Nacht-Verhör nach Angstschweiß. Die Knastklamotten rochen nach billigem Waschpulver.

So stand ich da, als die Klappe an der Tür laut aufging. In dem kleinen Quadrat sah ich das Gesicht des

Effektenoffiziers, der uns unsere Zivilsachen abgenommen hatte.

Der Mann fragte durch die Klappe „Ist noch was?"

Sofort fiel mir Niemöller ein und ich gab seine Antwort: „Ja, ich brauche mein Neues Testament!"

Nach kurzer Zeit kam der Mann wieder. Er schloss die Tür auf, gab mir eine Bibel und entschuldigte sich: „Ihre Bibel konnten wir Ihnen nicht aushändigen, fremdsprachige Ausgaben sind nicht gestattet."

Aus meiner heutigen Sicht ist damals ein Wunder passiert.

Von allen anderen Gefangenen habe ich erfahren, dass es Wochen, manchmal Monate dauerte, bis sie eine Bibel bekamen.

Bei meinem Abendgebet war ich nie allein. Kaum hatte ich die Augen geschlossen, fand sich ein unsichtbarer Besucher ein. Manchmal besuchte mich Martin Luther und fragte mich den Katechismus samt Erklärungen ab.

„Ich bin der Herr dein Gott. Du sollst keine anderen Götter neben mir haben.

Was ist das? Wir sollen Gott fürchten und lieben ..."

Später, als der Posten mich vor sich her trieb, rote Birnen ein- und ausschaltend, „Gesicht zur Wand!", dachte ich: Angesichts dieser vielen kleinen Götter hier im Haus ist es noch schwerer, nur diesen einen Gott zu fürchten. Ebenso ist es leichter, diesem fernen Gott zu trotzen, als den vielen bedrohlich nahen Göttern hier im Haus.

Was ist Wahrheit? Der Freiheitskrieg der Menschheit,

der mit der Rettung eines Sklavenkindes beginnt, in einem Körbchen auf dem Nil? So klein, mit der Regung im Herzen einer Frau aus reichem Hause, sollte die Freiheit angefangen haben? Jedenfalls holte sich ein versklavtes Volk von da an nach und nach seine Wahrheit und Würde zurück.

Beides war mir genommen. Dazu die Uhr, der Ehering. Hemd und Hose. Die Zivilkleidung hatte ich gegen einen alten Trainingsanzug getauscht, Schuhe gegen Filzpantoffeln. Die Pantoffeln hatten ein gelbbraunes kleinkariertes Muster.

Das erste Frühstück: Gerstenkaffee, Schwarzbrot, rote Vierfruchtmarmelade. Ich schloss die Augen. Die Marmelade lud mich zu einer Flucht ein. Sie führte mich in das kirchliche Kinderheim an der Ostsee. Unbeschwerte vier Wochen. Die Marmelade wurde dort in einem braunen Pappeimer angeliefert. Zum Abendbrot gab es Schmalzbrote. Wahlweise Haferschleimsuppe. Das Meer, die dunklen Wellen, weiß gekrönt. Aber es hatte einen Rand vor dem Horizont. Über das Werden und Vergehen wachten die Schiffe der Volksmarine. Ich war elf und hatte die erste echte Jeanshose, Marke Levis. Das weite Meer passte mühelos in mein Kinderherz. Bei der Abfahrt von der Insel schluckte ich ein paar echte Tränen herunter.

Nun besuchte mich das Meer in meiner Zelle. Es kündigte sich mit Rauschen an. Ich wusste ja, wie die Hand vor die Ohrmuschel gehört. Weißer Sand, so hoch wie der Ölsockel, die Glühbirne über der Zellentür wurde als Sturmball halb hochgezogen. Der Spion eignete sich als

Fernrohr für den Rettungsschwimmer. Barfuß am Meer! Was konnte mir der Beton hier anhaben? Ich krallte meine Zehen in den Sand. Zwischen den pommerschen Wolkenschiffen und mir zankten sich Möwen.

„Links! Hausschuhe an!", brüllte der Posten. „Links", das sollte ich sein.

Ladenhüter Albert Schweitzer

Mir geht's bestens. Vor mir auf der Pritsche liegen Albert Schweitzers Werke in Auswahl, fünf Bände, gelb gebunden. Union Verlag. Dünndruck. Kenne ich schon aus der Lehrzeit. Ich arbeitete damals im „Internationalen Buch" am Marx-Engels-Platz. Die größte Buchhandlung in Ostberlin. Albert Schweitzer stand unter „Belletristik". Hatte noch niemand gelesen. Wir wussten nur, wer das war und was er kostete. Das genügte. Verkauft hat man so was nicht, einfach zu teuer.

Bis die Uniformierten mit dem Wäschekorb kamen. „Einmal vollmachen. Rechnung wie gehabt ans MfS." Graue Kragenspiegel. Alles rein, was kam. Ladenhüter Albert Schweitzer zum Beispiel. Die lasen bestimmt nicht. Ein Wäschekorb Bücher für die Stasi! Sehr oft kamen die nicht. Aber wenn, dann gründlich.

So musste Schweitzer in den Knast gekommen sein. Am schwierigsten war das letzte Stück Weges. Die Bände standen im Regal des Anwalts, dem ich „zugeführt" worden war. Ich hatte die Buchrücken sofort erkannt. Von zwei hölzernen Löwen bewacht, zogen sie immer wieder meine Blicke auf sich. „Die Bücher da", sagte ich, „kann ich die in die Zelle bekommen?"

„Was bilden Sie sich ein, das ist Dekoration der Haftanstalt!", hatte der Anwalt geantwortet. Zugegeben, fünf gelbe Bände im Schuber gaben dem Raum eine gewisse Note. Wieder in der Zelle überlegte ich, wie ich an die Bücher kommen konnte. Ich beschloss, mich beim Haftanstaltsleiter zu melden. Es dauerte nicht lange, bis er mich holen ließ. Sein Zimmer wirkte kärglich. Radio und Lenins Werke, etwa vierzig Bände, braunes Kunstleder. Das war alles. Er saß unter einem Bild von Felix Dzerschinski, dem gefürchteten Chef des russischen Geheimdienstes, nach dem das Wachregiment benannt war. Er musterte mich, dann fragte er etwas barsch nach meinem Anliegen. Jetzt kam es auf jedes Wort an.

„Ich wollte mich bedanken!"

Der Anstaltsleiter verzog erstaunt das Gesicht. „Wofür?"

„Dass ich schon am ersten Tag eine Bibel bekommen habe."

Der Mann war sichtlich betroffen. „Wieso bei mir?"

„Das sagt doch etwas über den Führungsstil der Haftanstalt aus ..."

„Warum haben Sie sich melden lassen?"

„Ich habe im Anwaltszimmer ein paar Bücher von Albert Schweitzer gesehen. Der Anwalt meinte, er hätte nichts dagegen, dass ich sie bekäme, aber Sie vielleicht. Ich kann mir nicht vorstellen, dass es im Sinne des humanistischen Grundanliegens dieses Staates wäre, die

Werke eines so bedeutenden Humanisten als Dekoration verkümmern zu lassen ..."

„Gut", unterbrach er, „ich werde anweisen, dass Sie die Bücher bekommen." Er klingelte. Ich wurde abgeholt.

Nach ein paar Tagen wurden die Bände durch die Klappe geschoben. Ich konnte es kaum glauben.

Ich hatte ausgesorgt.

„Goethe, vier Reden", „Verfall und Wiederaufbau der Kultur", „Die indischen Denker", „Geschichte der Leben Jesu Forschung", „Die Mystik des Apostels Paulus".

Ich schloss die Augen und sah den Apostel Paulus vor mir, wie ihn der junge Rembrandt leidenschaftlich, noch ohne die handwerkliche Gelassenheit des Spätwerks, gemalt hatte. Eigenartige Grüngelb-Töne. Der alte Mann mit langem Bart schreibt etwas nieder. Unvergesslich dieser Blick, der scheinbar erst durch die Zellenwand hindurch muss, um dann den Betrachter für immer gefangen zu nehmen.

Paulus blieb bis zum Schluss in meiner Zelle. Immer wieder las ich Schweitzers inniges Denkmal für ihn und lernte vieles auswendig. Viele Worte des Apostels änderten ihr Gesicht und mein Sehen. „Nicht ich, sondern Christus in mir."

„Wer will uns scheiden von der Liebe Christi? Trübsal oder Angst oder Hunger oder Kälte oder Blöße oder Gefahr oder Schwert?"

Erst hielt ich die Wörter fest auf meiner Seelenmatritze, dann, ganz langsam, verstand und begriff ich sie von Neuem, und zuletzt hielten mich die Wörter fest.

Ich hatte vieles schon oft gehört, gelesen, sogar laut gesprochen. Aber verstanden noch nie. Und jetzt merkte ich, dass solche Worte sich dauernd veränderten und doch die gleichen blieben. Niemand konnte sie verbrauchen oder abgreifen. Kein Spott konnte sich ihnen nähern. Mir wurde bewusst, wie teuer diese Briefe bezahlt waren, die Paulus seinen Gemeinden aus dem Gefängnis geschrieben hatte. Alles, was ich erlebte, hatte er am eigenen Leibe erfahren. Ich kostete jedes Wort. Was war denn eigentlich mein Leben? Dies jetzt? Oder das davor? Was war meine Freiheit? Dies jetzt oder das, was noch kommt?

Von Paulus hatte ich vorher wenig verstanden. Nun fühlte ich, dass seine Sprache, in die ich mich hinein-wohnte, etwas völlig anderes barg als bisher geahnt. Ich war kein Zuschauer mehr. Die Erfahrungen lesen mit. Zuletzt lese nicht mehr ich. Sondern ich werde gelesen. Ein ungeliebter Verwandter Albert Schweitzers, der fran-zösische Schriftsteller und Philosoph Jean-Paul Sartre, war mir zuvor mit einem Wort begegnet, das er mir nun jeden Morgen nach der Meldung („28 Links meldet kei-ne besonderen Vorkommnisse!") ins Gedächtnis rief:

„Es kommt nicht darauf an, was die Verhältnisse aus uns gemacht haben, sondern es kommt darauf an, was wir aus dem machen, was die Verhältnisse aus uns ge-macht haben."

Jeden Morgen aus dem Spind einen Tresor machen. Die Reichtümer heben und hüten: „Goethe. Ein Lesebuch für unsere Zeit". Luther-Bibel. Dostojewski, immer wieder Schweitzer. Stille Heimkehr an den väterlichen Bücher-schrank. Und jeden Morgen Strophen von Paul Gerhardt:

„Dass unsre Sinnen wir noch brauchen können
und Händ und Füße, Zung und Lippen regen,
das haben wir zu danken seinem Segen."

Hinter diesen Worten steht das Ende eines Krieges, der dreißig Jahre lang landauf, landab die Erde und die Seelen verbrannt hatte – den Glauben vernichtet, die Gerechtigkeit ausgelöscht.

Ein Spind voller Schätze. Hoffentlich nimmt mir niemand die Bücher weg. Und das Licht. Und den Hocker. Die können einem alles rauben. Und dann kommen auch meine unsichtbaren Besucher nicht mehr.

Wann und wieso hatte ich Paul Gerhardts Zeilen auswendig gelernt? Entstehungsjahr 1653. Eine Strophe nach der anderen fiel mir ein. Etwa das Adventslied:

„Als mir das Reich genommen,
da Fried und Freude lacht,
da bist du, mein Heil, kommen
und hast mich froh gemacht."

Gleiches Entstehungsjahr. Der Dreißigjährige Krieg war lange aus. Es war eine Adventsstrophe für jetzt. Ich hatte also einen Termin mit Gott.

Beim Büchertausch im Knast hatte ich „Die Brüder Karamasow" bekommen. Was für ein Glück! Nach Monaten der erste Dostojewski! Ich schloss die Augen. Die beiden Brüder Iwan und Aljoscha waren meine nächsten Besucher und stritten sich lauthals über ihren Glauben.

Mitten im Roman gibt es ein Streitgespräch und Iwan, einer der beiden Brüder, erzählt eine Geschichte. Die Erinnerung löste bei mir sofort eine Augenzuflucht aus.

Die Reise geht nach Sevilla. Die Stadt liegt in der glühenden Sommersonne. Und so wie damals kommt *Er* auch jetzt. Nirgends fällt sein Name, aber alle wissen: Es ist Jesus Christus. Ein Trauerzug verlässt die Kirche, nähert sich ihm. Er sagte dasselbe Wort. „Talitha kumi!" Mädchen, steh auf! Die Menschen sind ergriffen, als das Kind aus dem Todesschlaf erwacht. Alle haben *ihn* erkannt, fallen vor *ihm* auf die Füße, glauben an die Veränderung, die ihre Welt durch *ihn* erfährt. Aber dann erscheint die Silhouette des Großinquisitors am Horizont. Alles, was eben noch Wirklichkeit war, was sich soeben noch änderte, erstarrt augenblicklich und verschwindet wie ein Traum. Die Angst macht der Hoffnung den Garaus.

Der Fortgang ist bekannt. Der Großinquisitor lässt *ihn* verhaften, will *ihn* schon am nächsten Morgen den Flammen des Scheiterhaufens übergeben. Des Nachts will er *ihn* in der Zelle zur Rede stellen. „Bist du gekommen, uns zu stören?" Aber *er* schweigt. Seine einzige Antwort ist ein Kuss auf die blutleeren Lippen des greisen Großinquisitors. Der Mächtige lässt *ihn* laufen. Und waltet weiter über den Glauben mit den geschliffenen Waffen der Institution: Wunder, Geheimnis, Autorität.

Dostojewski wird wissen, warum er alle Buchstaben großschreibt, wenn er von IHM spricht. Ich habe IHN manchmal schweigend in meiner Zelle sitzen sehen. Er brach mit mir das Brot und mir brannte das Herz.

In der Öde der Verzweiflung, wenn ich mit meinem Herzen die Bücher im Spind nicht erreichen konnte, in den Nächten, in denen ich alle Liedzeilen vergessen, alle Psalmen ins Leere gebetet hatte und die Gottverlassenheit dieser Zelle mir die Luft zu nehmen drohte, kam einer und holte mich zum Verhör.

Welch eine Befreiung! Endlich vor dem Wächter hergehen, endlich die Signallampen, Gesicht zur Wand. Das Herz schlug mir im Hals. Beim Vernehmer duftete es nach Kaffee. Dabei wusste ich, dass der starke Gott in meinem Rücken ihren schwachen Kaffee nicht trank.

Der Vernehmer reichte mir den monatlich genehmigten Brief von Tine. Ihre runde Frauenschrift auf den geraden Zeilen löste eine innere Reise aus.

Der Zug macht sein verlässliches, hämmerndes Geräusch, gleichmäßig, wenn die Schienen aneinandergeraten. Die Sonne fährt mit, der Sommer, die Gnade. Der Zug hält im Pfarrgarten, der Tisch ist gedeckt. Die Sonne ruht sich in der Blutbuche aus. Die langen Abende mit Jasmintee und Rotwein.

Gespräche über die Welt, die Zukunft. Dänischer Tabak aus dem Intershop. Gott ist auch da. Gott fühlt sich wohl im Südharz, im Pfarrgarten. Miriam trommelt alle zusammen. Jephta und seine Tochter. Mose mit Hörnern von Michelangelo, Josef im bunten Festkleid. Jakob kämpft noch mit einem Engel. Kundschafter bringen riesige Weintrauben. Die Hure Rahab. Saul mit Eseln. Simson, noch mit langen Haaren. Batseba badet erst noch. David stimmt seine Saiten. Dann stimmen alle ein in unseren Psalm aus Lebensfreude und Hoffnung. Elia schläft sich aus.

Ich hatte sie damals alle nach Greifswald eingeladen. Aber nach Pommern kämen sie erst hundert Jahre später, sagen sie. Jetzt sei erst mal meine Zelle dran. Fast alle sind gekommen. Sogar die kleinen Propheten. Alle schreiben sich ins Gästebuch meiner Seele.

Amos pflanzt Maulbeerbäume, Jesaja baut Straßen in der Wüste. Hesekiel muss eine Schriftrolle verspeisen. Daniel trotzt den Löwen und dem Feuer. Jeremia durchsucht die Asche des Tempels. Jona diktiert mir einen Psalm.

In meiner Augenzuflucht bestiegen Tine und ich schnell den Zug. Hoffentlich hatte er keine Verspätung. Die Rückfahrt ging vorbei an unserm Kahn am Birnbaumteich, wie konnte es anders sein, und sofort hatten wir Zeilen von Biermann auf den Lippen.

„Was wird bloß mit unsern Freunden, was wird noch aus dir, aus mir?"

Beeilung mit dem Lesen, sagte der Vernehmer und klingelte. Der Läufer brachte mich zurück. Der Himmel stand in der Zelle. Während des Verhörs hatte die Sonne alle Glasbausteine zerbrochen. Wie lange so ein Brief hält, dachte ich.

Lamm Gottes

Ich schloss die Augen. Und schon stellte sich ein unsichtbarer Besucher ein.

Johannes der Täufer mit dem Lamm Gottes.

Als ich das Lamm zum ersten Mal sah, das schöne steinerne Gotteslamm, vorn neben dem Altar meiner Kirche, erschrak ich, denn irgendjemand hatte den Kopf abgeschlagen. Da wusste ich nicht weiter. Eine Predigt, dachte ich, das Lamm Gottes ohne Kopf, was für eine Predigt!

Die Beine stehen noch auf der Wiese. Weiche Wolle, schön in Stein, noch läuft das Blut in den Becher. Das Lamm Gottes, das die Sünde der Welt trägt.

Wer hat den Kopf abgeschlagen? Und warum? Aus Spott? Aus Spaß?

Johannes der Täufer kam öfter als andere, dann saß er lange auf der Pritsche gegenüber. Wir sind alte Haftkameraden. Ich kenne ihn verzweifelt, ganz ohne große Worte. Die vergehen einem in so einer Zelle schnell. Sie bringen keinen Stein zum Wanken. Ist alles noch bei sich selbst, auch das Wort? Was kostet so ein Bibelwort hier? Wie teuer ist ein Tag ohne Worte? Dem Einsamen schlägt keine Stunde. Was greift, was spricht, was schweigt, was drückt, was ängstet? Und wen?

Auch Johannes suchten die Zweifel heim. „Bist du es, der da kommen soll, oder sollen wir auf einen andern warten?"

Im Gefängnis ist alles anders.

Blinde sehen nicht. Lahme gehen nicht. Taube hören nicht. Tote stehen nicht auf. Gott schuldet den Armen die frohe Botschaft. Gott ist draußen.

Johannes und ich, wir kennen uns aus mit dem Ende der Gerechtigkeit. Wir haben nicht nur Propheten gehört, wir haben nicht nur das Evangelium vernommen. Wir kennen das Ende.

Als Johannes wieder fort ist, schließe ich die Augen.

Der Staub vor der Dorfkirche, die Bruchsteinmauer vor dem Friedhof, die Glocke, mittags um zwölf und abends um sechs. Der Tag schloss, wie jeder Tag, mit einem Liedvers.

> „Wie ist die Welt so stille
> und in der Dämmerung Hülle
> so traulich und so hold
> als eine stille Kammer,
> da ihr des Tages Jammer
> verschlafen und vergessen sollt."

Das klingt mir in der Zelle nun von allein abends in den Ohren. Das Klavier, etwas verstimmt, darüber der berühmte Engel von Riemenschneider. Das Foto zeigt ihn mit Wurmlöchern im Gesicht, die stören mich jeden Abend.

Die vielen Bücher, manche ledergebunden, andere mit geheimnisvollen Wörtern auf dem Rücken: Synopse, Konkordanz, Vulgata, Septuaginta, Perikopen. Draußen riecht es nach Kuhstall. Das Singen der Familie ist nicht besonders, aber regelmäßig. Meine Mutter spielt besser Klavier als mein Vater.

In der Zelle ist Singen verboten. Im Gefängnis singen nur die Schlüssel. Ich kann die alten Lieder alle, ich singe die erste Stimme leise gegen die Wand. Dann sehe ich die Noten. Zart und genau, schwarz auf weiß, ich habe sie tausendmal gesehen. Die Texte tausendmal gesungen.

Ich weiß mehr als die Zellenwand. Und die Töne bleiben drin. Mein Zellennachfolger kann sie gebrauchen. Diese Töne müssen stark genug sein, um die Missklänge zu löschen. Die Schreie der Durchgedrehten, die Kommandorufe, die Schlüssel, die Riegel. Bachs schwerer adventlicher Passionschoral hält alles aus: „Ich lag in schweren Banden, du kommst und machst mich los ...“

Meine Zelle ist randvoll.

Thomaner im Knast

Ich schließe die Augen und erwarte einen ganzen Bus voller unsichtbarer Besucher auf einmal. Im Knast ist die Akustik gut. Aber der Thomaskantor muss in der Tür stehen, die Solisten haben keinen Platz, der Chor verteilt sich auf dem langen Gang. Die Thomaner haben statt ihrer Matrosenanzüge Wintersachen an, bunte Mützen und Mäntel, weil es eiskalt in den Fluren ist. Sie haben schon im sogenannten U-Boot, dem Keller des Untersuchungsgefängnisses, gesungen. Einer der Jungen blickt verstohlen durch einen Spion.

Man merkt allen an, dass sie diese Räume anstrengend finden. Die Bewacher haben alle Signallampen auf Rot gestellt, weil die Schleusentüren offen sind.

Die Jungen singen trotzig Bach und Gott vom Himmel auf die Erde.

> „Trotz dem alten Drachen,
> Trotz dem Todesrachen,
> Trotz der Furcht dazu!
> Tobe, Welt, und springe;
> ich steh hier und singe,
> in gar sichrer Ruh.
> Gottes Macht hält mich in Acht,
> Erd und Abgrund muss verstummen,
> ob sie noch so brummen."

Macke abmalen

Ich weiß wieder, dass mein Erlöser lebt.

Ich male mir ein Bild von August Macke auf die Seelenrückwand. Den Seiltänzer. Macke kann man sich leichter merken. Ich kann nur glauben, was vor Augen ist. Rembrandt, Grünewald, Cranach, da fehlen mir Details. Lieber Macke. Den kann ich. Vorn Frau im blauen Rock, die Männer mit den Hüten, die Häuser, darüber das Seil. Das kann ich, da kann ich das Laufen üben, Schritt für Schritt, und nicht abstürzen. Das Seil hält, aber erst, wenn man lange genug geübt hat gegen die Angst. Der Glaube ist ein Seil, dem man sich anvertraut. Wer tut das schon.

Bachs 132. Kantate habe ich schon lange im Gepäck, im Kopf und im Herzen, diese wunderbare Musik, wie eine Lerche schwingt sie sich auf und nieder, und ich mit. Der Strand von Heringsdorf, weißer Sand, die Bunen, Möwen darauf und im Wind diese Musik: „Bereitet die Wege, bereitet die Bahn, Messias kommt an!"

Ich klopfe an die Tür, der Posten öffnet die Klappe: „Was gibt's?"

„Ich möchte einen Bagger haben!"

Der Posten macht eine Notiz: „28 links verlangt nach einem Bagger."

Das Gebirge in meinem Herzen, was weiß der Posten davon!

Messias kommt. Ich weiß es. Niemand kann ihn fröhlicher, offener, ehrlicher erwarten als ich in meiner U-Haft-Zelle. Alles ist fortgeräumt, nichts im Weg. Sie haben mir nicht einmal einen Mantel, nicht einmal Mütze und Schal, nicht ein zweites Paar Strümpfe gelassen. Keinen eigenen Teller, keinen Becher, kein Kissen zum Ausruhen. So muss ich den Heiland im Trainingsanzug empfangen. Besser geht's gar nicht.

Alles schon dagewesen. Eine Taube fliegt aus dem blauen Glashimmel und pflückt sich ein Zweiglein aus dem Altarstrauß.

Ein Kind spielt selbstvergessen mit einer Weintraube. Was für ein Gott! Er steht diesem Säugling im Gesicht geschrieben, ein starker Gott, mitten in der Geschichte. Gott selbst reißt jedes Mal den Himmel auf, wenn ein Kind getauft wird.

Die dicken Mauern im Altbau der U-Haft sind aus Backsteinen. Ein wilhelminischer Knast. Kein Ton, der hier nicht schon gesungen wurde, kein Seufzer, der hier nicht verklungen wäre. In der Zelle gibt es keinen Spiegel. Ich nehme die Blechschüssel. Weiße Emaille mit schmalem blauem Rand.

Ich fülle sie randvoll mit Wasser. Ich bin getauft. Und der Himmel spiegelt sich in diesem Wasser.

Als der Posten das nächste Mal durch den Spion glotzt, drehe ich ihm den Rücken zu und spreche laut in die Wasserschüssel: Ich bin getauft.

Der Posten notiert: „28 links spricht mit der Mittagsschüssel."

Am Abend werde ich mich in der Taufe verkriechen. Der Jordan fließt jeden Abend durch meine Zelle. Er hat die Sonne mitgebracht und ein Lot kräftiger Wörter mit einem Gruß Johannes des Täufers. „Otterngezücht. Schlangenbrut!" Seine mildernde Rücknahme verschweige ich dem Pack.

„Meine Seele wartet auf den Herrn wie der Wächter auf den Morgen."

Warten habe ich gelernt. Dazu braucht man nicht viel. Vier Wände und den Türhüter, damit man nicht immer entkommt, und einen Psalm, der die Richtung anzeigt.

Immer wieder habe ich gewartet, als kleines Kind im Advent. Ich war mir sicher, dass er kommen müsste. In diesem Jahr und im nächsten Jahr. „Von einer Morgenwache bis zu der andern." Wenn die Seele das Warten nur nicht verliert.

Seelenbrot

Biermann kam jeden Abend. Er brachte Seelenbrot. Voller Frühlingsgrün und Gewissheit. Jeden Abend half er mir singen. Ich stieg auf den Hocker unter dem Fenster, sang durch den Schlitz, laut und deutlich:

„Du, lass dich nicht verbittern
in dieser bittern Zeit" …

Sofort näherten sich eilige Stiefelschritte, um mich bei weiteren Zeilen zu erwischen. Aber schon antwortete Tine über den Hof:

„Die Herrschenden erzittern,
sitzt du erst hinter Gittern,
doch nicht von deinem Leid!"

Diese Strophe sangen wir fast jeden Abend. Bald stimmten andere ein. Andere teilten sich die erste Strophe.

Diesen Ton können die nicht vertragen. Deshalb ist Singen verboten. Das könnte ihnen so passen. Ich kann meiner Seele das Singen nicht verbieten. Und vor denen verstummen meine Lieder nicht. Die haben schon ganz anderes ausgehalten!

Der Greifswalder Dom schiebt sich ins Gedächtnis und bringt unsichtbare Besucher mit. Den Domchor bekomme ich gerade zwischen diese vier Wände. Wir proben das „Deutsche Requiem" von Brahms. Ich singe im Tenor: „Die Erlösten des Herrn werden wiederkommen und nach Zion kommen mit Jauchzen. Ewige Freude wird über ihrem Haupte sein und Schmerz und Seufzen wird entfliehn!" Mein Text. Meine Partitur.

„Die Wände sind voll", sage ich dem erstaunten Posten, „ich möchte in eine andere Zelle."

Er macht eine Notiz.

Sonntags kommt immer das Orchester. Um 9.00, um 9.30 und um 9.50 Uhr läuten die Glocken der benachbarten Kirche. Es sind sechs Glocken. Sie können „Aus tiefer Not schrei ich zu dir" läuten. Schafgarbe und Klee auf den Wiesen haben die Töne von den Glocken gelernt. Wenn der Wind darüber geht, singt der Klatschmohn mit ein paar versprengten Margeriten. „Aus der Tiefe ruf ich, Herr, zu dir." Eingangspsalm und Bekenntnis. „Herr, höre meine Stimme. Lass deine Ohren merken auf die Stimme meines Flehens."

Glockentöne sind wie ein Gewebe, das der Wind trägt.

Vorratsspeicher

Was sie bei der Verhaftung nicht wussten: Ich hatte noch eine Menge Vorrat gespeichert. Bach-Kantaten aus dem Radio und direkt aus der Thomaskirche. Viele Schallplatten von Bob Dylan. Das Konzert von Biermann im November 1976 mit dem Mikrofon aufgenommen. So was hat man bei sich, innerlich. Keine Leibesvisitation mit Kniebeuge bringt es zum Vorschein. Aber der 139. Psalm.

„Nähme ich Flügel der Morgenröte und bliebe
am äußersten Meer,
so würde auch dort deine Hand mich führen
und deine Rechte mich halten.
Spräche ich: Finsternis möge mich decken
und Nacht statt Licht um mich sein –,
so wäre auch Finsternis nicht finster bei dir
und die Nacht leuchtete wie der Tag.
Finsternis ist wie das Licht."

Ich muss solche Worte in mir tragen, weil meine Geschichte daran klebt. Ich stelle mir vor, wie das ist: Gott
zu vergessen. Suchen. Aber nicht wissen, wonach. Hoffen. Aber nicht wissen, worauf. Hören. Aber nicht wissen, was.

Im Knast geht das nicht. Wenn Tine nicht mehr ruft,
abends. Gegen das Vergessen hilft nur eins. Lernen. Gott
auswendig lernen. Die Menschen auswendig lernen. Jeden Tag ein Kapitel mit Stimmen, Wörtern, Pausen,
Rhythmen, Gerüchen. Ja, auch auswendig lernen, wie
Gott riecht.

Ich weiß den Schnee noch. Häuserdächer, Schornstei-
ne, Rauch, Sonne, Landschaft, Bäume, Schatten, Braun-
kohlegeruch. Ich kann alles. Gott ist: dennoch.

Als es mir wehe tat in meinem Herzen, da war ich ein
Narr (Psalm 73).

Biermann war wieder da und schob einen Text durch die
Glasbausteine. Die Mark Brandenburg mit Kiefern und
Fichten hat er mitgebracht, Sommersand mit Mücken

und Ameisen, Sand und Wolkenbruch. Sogar ein Flugzeug im Wolkenloch.

Was wäre, wenn ich all das nicht gekannt hätte, wenn es mir nicht Geschenk wäre, wenn ich es nicht heraufholen könnte jetzt und hier und zwischen die vielen ungeschriebenen Zeilen?

Draußen reifen die Mirabellen. Ich merke mein Heimweh nach jedem Wort.

Ich steige hinab in mein Herz. Da finde ich die alten Worte wieder. Mein Innerstes habe ich auf die leere Pritsche gegenüber gebreitet. Wenn jeder Häftling das macht! Aber es ist kein Platz mehr im Herzen.

Martin Luther schiebt mir ein Wort in die Seele: „Christus hat das Gefängnis gefangen geführt."

Da habe ich das Gefängnis in die Zelle gesperrt!

Endlich habe ich sie: die Bewacher, den Gefängnisleiter, den Apparat, die Vernehmer, selbst den Minister Mielke und seinen Herrn Honecker. Gefangen geführt! Diesen ganzen Staat gefangen geführt, die Stasi, die Volksarmee, das Politbüro.

Und ich sitze noch in dieser Zelle, wasche mich mit ihrer Seife, schlafe in blau karierter Bettwäsche und schleiche in Filzschuhen über den Flur?

Keinesfalls. Ich lehne mich gegen die Tür. Sie ist offen.

Sanduhren

Ein Grabstein auf dem Dorffriedhof meiner Kindheit zeigte ein lachendes Gerippe mit einer riesigen steinernen Sanduhr in der Knochenhand. Die obere Hälfte des Stundenglases war leer, die untere randvoll. Ich ließ mir die lateinische Inschrift der Grabtafel immer wieder vorlesen, weil sie so feierlich klang. Sie galt einem vor mehr als zweihundert Jahren „in die Ewigkeit gegangenen" Pfarrer, der den steinernen Worten zufolge unter der Tafel auf die Auferstehung „wartete". Für mich stand aber fest, dass der Knochenmann nur deshalb so siegesgewiss lachte, weil der gelbe Sand in seiner Uhr versteinert und damit unbeweglich war.

Die vor einigen Jahren noch in jedem Haushalt übliche Sanduhr bestätigte diese Vermutung. Ihr galt meine kindliche Aufmerksamkeit, machte sie doch die Zeit durch das verhaltene Rieseln der feinen Körner nicht nur sichtbar, sondern sogar vernehmbar! Die Zeit gehen zu hören, ist eine tiefe, kindliche Erinnerung. Es gab viele Möglichkeiten, ihren Lauf zu gestalten. Wurde die Uhr gewendet, gelangte der Sand von unten nach oben. Alles begann scheinbar von Neuem. Ohne eine solche Wende blieb die Zeit stehen. Wurde das Glas vor der Zeit gedreht, ergaben sich mehr Anfänge. Blieb die Bewegung unvollständig, bremste die Zeit. Jedes Korn musste durch die Enge in der Mitte des Glases.

Diese einfache Uhr bot ein einprägsames Bild für die Fracht der fallenden Zeit. Gewissheit, Erfahrung, Erinnerung, alles muss durch die enge Mitte. Die letzte und nachdrücklichste Begegnung mit einer sich wendenden Uhr wurde mir in einer geradezu unbeschreiblichen Situation zuteil.

Ich befand mich in Berlin-Hohenschönhausen im Haftkrankenhaus der Staatssicherheit. Kalender und Uhren waren den Gefangenen verboten. Das Einzige, was ich dennoch täglich zu sehen bekam, war eine zierliche Sanduhr.

Das dissonante Singen der Schlüssel reißt mich aus dem Schlaf. Eine Krankenschwester im hellblauen Kittel und Schuhen mit laut klappernden Absätzen nähert sich wortlos meinem Bett. In ihrem steinharten Gesicht sind die Lippen nur ein schmaler Strich. Ein Tagesgruß ist den Strafgefangenen verboten. Ich grüße trotzdem. Sonst fällt kein Wort. Stumm reißt sie mit der rechten Hand meinen Arm unter der Bettdecke hervor. Stumm sucht sie meinen Puls. Stumm wendet sie mit der Linken das Glas der kleinen Sanduhr mit dem Edelstahlgehäuse. Der Sand in der Uhr rieselt eine Ewigkeit. Er ist verstummt. Die Zeit ist verstummt. Die Schwester verlässt wortlos die Zelle. Ihre Hand ist noch in der Erinnerung eiskalt. So schnell wird das Schlüsselsingen zu einer Erlösung.

Die Welt geriet mir aus dem Trott –
oder wie alles anfing

Ich war siebzehn und hatte gerade eine Buchhändlerlehre begonnen. Die Welt schien im Eiltempo zu wachsen. Auf einem abendlichen Sommerfest lud mich einer der Anwesenden ein, ihn zu Hause zu besuchen. Sein kleines Zimmer war bis zur Decke mit Büchern und Papieren vollgestopft. An der Tür hing ein Theaterplakat für die große Drachentöterschau: „Wolf Biermann, Der Dra-Dra“.

„Hast du Texte von Biermann?“

Statt zu antworten, legte er eine Tonbandspule auf sein „Tesla“-Gerät. Sie enthielt Aufnahmen der im Westen erschienenen Schallplatten. So etwas kannte ich bisher nur vom Hörensagen. Die Wörter, denen die Gitarre mal vorauseilte, mal hinterherseufzte, gingen mir sofort tief nach innen. Es war, als würden sie mit den Tönen in die Seele genagelt. In weniger als zwei Stunden begriff ich, in welcher Fremde ich mich vordem zu Hause gefühlt hatte. Mitten durch die Lieder fuhr die Straßenbahn zur Friedrichstraße.

> „Und als er endlich die Augen aufmachte,
> Na, was sah da wohl meiner Mutter einziger
> Sohn?
> Da sah er bei helllichtem Tage die Nacht,
> Die trübesten Geister voll strahlender Macht,
> Die Dunkelmänner auf lichtem Thron,
> Das sah da meiner Mutter Sohn …“

Diese unähnlichen Wahrheiten hatte ich bisher nur zaghaft in mich hineingeschwiegen. So, als hätte ich allein in einem großen Wartesaal gesessen.

Mit meinem Kassettentonband überspielte ich alle Lieder, die ich kriegen konnte. Ich hörte sie und aß sie in mich hinein, wie der biblische Prophet Hesekiel seine Schriftrolle. So konnte ich sie mit mir herumtragen und meinen ängstlichen Beschönigungen der Welt, in der ich lebte, damit trotzen.

> „Manchen seh ich Fäuste ballen / In der tiefen Manteltasche
> Kalte Kippen auf den Lippen / Und in den Herzen Asche."

Die Lieder stellten meine Welt auf den Kopf. Die Welt geriet mir aus dem Trott. Schritt für Schritt wurde ich vom Pastorensöhnchen zum politischen Menschen. Immer wieder ging ich zu meinem neuen Freund. In den Löchern zwischen Liedern und Gedichten erzählte er mir seine Geschichte. Wie sie ihn aus dem Zug gezerrt hatten, als er im Sommer 1968, kaum siebzehn Jahre alt, auf der Rückreise aus Prag mit Flugblättern im Rucksack erwischt worden war, die noch den soeben erfrorenen Frühling ankündigten. Fünfzehn Monate hatte er absitzen müssen.

Im Spätsommer 1976 konnte ich mich – nach bestandener Sonderreifeprüfung – an der Universität Greifswald für das Fach Theologie einschreiben. Mitten in der Prüfungsvorbereitung traf uns eine erschütternde Nachricht:

Der Pfarrer Oskar Brüsewitz hatte sich am 18. August 1976 aus Protest gegen „die Unterdrückung von Kindern und Jugendlichen in den Schulen" vor der Michaeliskirche in Zeitz verbrannt. Die traurige Botschaft verbreitete sich in Windeseile. Welche Ursache hatte diese düstere Verzweiflung, was bedeutete sie? Das „Neue Deutschland" war um eine Lüge nicht verlegen und erklärte den Pfarrer kurzerhand für verrückt.

Von nun an stand alles in einem anderen Licht. Auch der September. Genauer gesagt, der 11. September 1976. Leider erfuhren wir zu spät, dass Wolf Biermann nach elf Jahren Auftrittsverbot in Prenzlau in einer Kirche gesungen hatte. Die Weltreise dorthin wäre ein Katzensprung gewesen. Der Auftritt war zu einer eindrücklichen Predigt für das „Hierbleiben" geraten. Die Abschrift eines Briefes, den er unmittelbar nach dem Konzert an seine Mutter schrieb, machte die Runde und ging uns noch lange nach:

> „Ich sagte dann, dass es eigentlich drei Arten des Abhauens gebe. (...) Zweitens nämlich das Abhaun nach innen, die Republikflucht in die Republik, die Flucht in die private Idylle oder in die offizielle Karriere. Und dann gibt es noch eine dritte Art von Abhaun: Die Flucht in den Tod – dieser Satz wirkte wie ein Schock. Alle dachten an den Pastor Brüsewitz ..."

Er hatte den Nerv getroffen. Das Land stand totenstill.

Und wir hielten einen Moment lang den frühen Herbst für einen verspäteten Frühling. Zwei Monate später saßen wir vor dem Fernseher und glaubten kaum, was vor Augen war. Dem ersten öffentlichen Auftritt Biermanns in Prenzlau folgte auf dem Fuß ein zweiter im Westen.

Sein Kölner Konzert vor mehr als 7000 Leuten wurde später sogar in voller Länge vom Westfernsehen gesendet. Wir hatten ein Mikrofon auf den Lautsprecher gerichtet. Und alles lief auf Band. Biermann singt. Biermann fällt sich ins Wort. Biermann diskutiert. Biermann traktiert das Harmonium. Er schlägt, zwingt und streichelt die Gitarre. Und holt im Westen kurzerhand den Osten auf die Bühne: unsere Träume, unsere Sehnsucht, unsere Hoffnung. Wir fiebern und frösteln, lachen und lauschen. Denn wir wissen: ein falsches Wort wäre ein gefundenes Fressen für die allmächtigen Greise im Politbüro. Aber er liefert es nicht.

Deshalb hätte das Erwachen am 16. und 17. November nicht schlimmer kommen können. Was das „Neue Deutschland" als „angemessene Antwort" ausgab, bestand aus verlogenen Unterstellungen und hatte mit dem, was wir – und mit uns Millionen Zuschauer – später gesehen und gehört hatten, nichts zu tun. Wir waren ebenso entsetzt wie ratlos darüber, dass die Machthaber sich offensichtlich leisten wollten, was ihnen nur zu teuer werden konnte. Nein, sie mussten ihn wieder hereinlassen! Denn es wurde plötzlich laut im Osten. Stefan Heym appellierte via Westfernsehen an die Bonzen, sie sollten sich korrigieren. Die wirklich namhaften DDR-Schriftsteller und -Künstler signalisierten mit ihren Unterschriften oder eigenen Texten: Tretet den Rückzug an, lasst Biermann wieder rein!

Es gab auch noch Lichtblicke anderer Art. Etwa, wenn auf den verschmutzten Straßenbahnfenstern zu lesen war: „Biermann hat recht!" oder: „Einreise für Biermann." Manchmal waren solche Sätze mit Farbe auf die Straße gemalt. Etwas war schlaflos geworden in diesem Land. Proteste begannen sich zu regen, die im November 1989 ihren Höhepunkt finden sollten.

Beim Fernsehen hatte ich mir die Gitarrengriffe, so weit ich sie sehen konnte, mitgeschrieben. Wenn Biermann wirklich nicht wieder reindurfte, sollten wenigstens seine Lieder hierbleiben. Sie gehörten uns.

> „Was wird bloß aus unseren Träumen
> in diesem zerrissenen Land?
> Die Wunden wollen nicht zugehn
> unter dem Dreckverband …"

Das hatte es noch nie gegeben. Am 13. Dezember 1976 stehen die Menschen an den Zeitungskiosken Schlange. Sie wollen die „Weltbühne" kaufen, ein kleines rotes Heft, das sich im Titel mit dem Namen des ersten Herausgebers, Carl von Ossietzky, schmückt. Der neue Hof-Schriftsteller des Politbüros, Peter Hacks, veröffentlicht im Dezemberheft 1976 einen Artikel voll zynischer Menschenverachtung, der Biermanns Ausbürgerung künstlerisch, moralisch und politisch rechtfertigen soll.

Irgendwer hat das Heft irgendwo unter der Hand bekommen. Ich lese und begreife nur langsam. Die Wörter platzen vor Hass und bersten vor Neid. Hacks schließt neben Biermann auch gleich noch den Schriftsteller Heinrich

Böll aus der Menschheit aus, weil der sich als „Herbergs-vater für dissidierende Wandergesellen" betätigt. Noch am selben Tag suche ich zusammen, was ich an Gedrucktem von Hacks besitze, und schicke alles an den Verlag zurück.

Der Winter altert mit Schneematsch und Braunkohlen-geruch. Wir hören, dass Manfred Krug Auftrittsverbot haben soll und nun in den Westen will. Die Ausbürgerun-gen gehen weiter. Die Verhaftungen auch.

Wir kopieren die Bänder vom Kölner Konzert und den Mitschnitt einer Radio-Aufnahme mit Gedichten von Jürgen Fuchs und Liedern von Gerulf Pannach und Christian Kunert. Alle drei sitzen im Knast in Hohen-schönhausen. Die Tage vor Weihnachten verbringen wir mit dem Abschreiben von Texten aus Reiner Kunzes im Westen erschienenem Buch „Die wunderbaren Jahre".

Noch ist Kunze DDR-Bürger. Am schwarzen Brett der Uni vergilbt der Zeitungsfetzen aus dem Neuen Deutsch-land mit der „angemessenen Antwort" des Politbüros. Der weiße, verwaschene Nebel macht die Seele nass. Und in uns fault manchmal schon die Hoffnung.

> „Ich möchte am liebsten weg sein –
> und bleibe am liebsten hier …"

So sangen wir es nun Biermann nach.

Nina Hagen, Eva-Maria Hagen, Jürgen Fuchs, Pannach und Kunert, Katharina Thalbach, Thomas Brasch … Die Liste der Weggejagten wird immer länger. Um mich abzu-lenken, lerne ich zwischen griechischen und hebräischen

Vokabeln Biermann-Texte. Eine Ahnung sagt mir, dass ich sie noch brauchen werde. Die Straßenbahn quietscht unverändert in den Fenstern der Chausseestraße 131, aber Biermanns Wohnung steht nun leer.

„Über uns ist hereingebrochen solcher Friede." Aber wir haben gelernt zu stören.

Ich schreibe Gedichte und Lieder ab. Und weil ich die Wahrheit kenne, geize ich nicht mit Kohlepapier. Ordentlich aufdrücken beim Schreiben, damit möglichst viele Durchschriften rauskommen.

> „Und ihre Ewigen großen Zeiten – na was
> Wird bleiben von denen?
> Von denen wird bleiben,
> Dass sie erheblich gekürzt wurden."

Ich. Jona

Ich will nicht mehr in dieser Zelle liegen. Es sind jetzt zehn Monate, die ich hier im Bauch des Molochs verbracht habe. Als der Läufer die Tür aufschließt, gehe ich nicht in Stellung. Er schreit von der Tür her: „Links! Stellen Sie sich sofort unter das Fenster!"

Ich bleibe zusammengekrümmt auf meiner Pritsche liegen. Er schreit mehrfach, betritt aber nicht die Zelle. Dann schließt er die Tür, um Verstärkung zu holen. Sie kommen zu viert zurück. Einer, der Effektenoffizier, versucht einen Trick: „Herr Storck!", sagt er. Das hätte beinahe geklappt.

Denn der Name, mein Name, den ich schon fast vergessen hatte, drang sofort durch bis in die tiefste Tiefe. Ich will aber nicht reagieren, will sehen, was passiert, wenn ich einfach nicht mehr spreche. Ich bleibe in meiner Hockstellung auf dem Bett, zucke auch nicht, als der Offizier noch mehrmals versucht, mich mit der Anrede aus der Fassung zu bringen.

Schließlich nehmen mich zwei bei den Armen, zwei an den Beinen und tragen mich in die Krankenstation. Der Weißkittel versucht auch noch alles Mögliche, um mir ein Wort zu entlocken, aber die Tür meines Mundes bleibt verschlossen. Ich bekomme eine Spritze, dann Handschellen. Dann werde ich in einen Kleintransporter gesperrt, wie immer ohne Fenster. Wieder fahren sie mich durch Berlin. Der Straßenlärm kommt mir sehr nah, ich höre an den Ampeln Menschenstimmen, das Seufzen und Quietschen der Straßenbahn, die Klingel an der Haltestelle. Ein Tor öffnet sich. Auf dem Hof werden mir die Handschellen abgenommen.

In einem auffallend wohnlichen Zimmer erwartet mich ein Mann im weißen Kittel. An der Wand hängt ein Landschaftsbild. Ich lerne die Farben auswendig. Ich kenne ja seit Monaten nur noch grüngrau und träume schon lange schwarzweiß. Der Mann grüßt freundlich, auch redet er mich mit Namen an. „Sie brauchen wohl ein wenig Ruhe, Herr Storck", sagt er freundlich, „deshalb haben wir Sie ins Haftkrankenhaus geholt."

Ich reagiere immer noch nicht. Er versucht allerlei,

scheint anhand meiner Akte herausbekommen zu haben, dass mein Vater Pastor ist. Ich reagiere nicht. „Sie sind doch Christ? Sollen Christen nicht erlöster wirken als andere?", fragt er, leicht verstimmt.

Immerhin kennt der Nietzsche, denke ich. Als er mich zum fünften Mal vergeblich mit „Herr Storck" anredet, breche ich das Schweigen. „Ich bin Jona", sage ich, „im Bauch des Moloch seit 320 Tagen."

Vaterland zum Mitnehmen

Hohenschönhausen war es. Ausgerechnet dort lernte ich das Wort zu buchstabieren und wurde es nicht mehr los: „Vaterland zum Mitnehmen". Ich sehe es vor mir und kann es riechen und schmecken. Über das Haftkrankenhaus hatte ich gehört, dass es dort ein richtiges Bett, besseres Essen und vor allem: bessere Bücher geben sollte. Also war „krank" eine Abwechslung. Alles war noch besser als erwartet.

Die Zelle überraschte. Helles Linoleum, ein Krankenhausbett mit durchgehender Matratze. Keine blau karierter Bettwäsche, sondern weiße. Ein Spiegel über dem Waschbecken, gelbe Fliesen, zwei Wasserhähne, warm und kalt. Der Raum war mindestens doppelt so groß wie in der U-Haft Pankow. Als ich fragte, ob es etwas zu lesen gebe, bekam ich eine Liste, aus der ich mir Bücher auswählen durfte. Wie im richtigen Leben.

Ich musste nicht lange suchen, bereits beim Buchstaben H hatte das Alphabet ein so freudiges Ende, dass es gar nicht mehr weiterzugehen brauchte. Heinrich Heine, „Ausgewählte Werke", Bibliothek der Klassiker. Diese schöne Ausgabe stand mir sofort vor Augen, ich kannte sie von zu Hause. Fünf Bände im blauen Leineneinband. Ich konnte es gar nicht erwarten, sie aufzuschlagen. Das war das Himmelreich auf Erden. Nichts Besseres konnte mir passieren, und noch nach über dreißig Jahren erfüllt mich diese Erinnerung mit einem tiefen Glücksgefühl.

Mehr Seligkeit wäre gar nicht zu ertragen. Diese Bücher haben mir damals so viele Wegweiser in mein vermauertes Krankenzimmer gezeichnet, dass ich mich immer noch danach zu richten weiß. Die Sonne stand still in den Glasbausteinen. Ich erinnere mich, wie mir das Herz klopfte, bevor ich den ersten Band aufschlug. Nicht das „Buch der Lieder", nicht das „Wintermärchen", das wir schon in der Schule lesen mussten, eine weniger bekannte Schrift war es, die Heine mir Wort für Wort ins Herz flüsterte: „Zur Geschichte der Religion und Philosophie in Deutschland". Heine schrieb diesen Text für die Franzosen, um ihnen die seltsam fremden Deutschen ans Herz zu legen. Und so kam ich Seite für Seite nach Hause. Ich buchstabierte mir Muttersprache und Vaterland zusammen. Aus dem Heimweh dieses Fremdlings in seinem Pariser Exil konnte ich entnehmen, was mir selbst so sehr fehlte, nachdem ich mir nun schon über ein halbes Jahr weder Menschen noch Bücher aussuchen konnte. Von ihm habe ich gelernt, wie wenig und was genau man braucht, um das auszuhalten.

Ich weiß seitdem ganz genau, was mir kein Mensch oder Unmensch je rauben kann, noch nicht einmal ein Staatsanwalt oder ein Gefängnisdirektor. Der Dichter, in Paris längst an seine Matratzengruft gefesselt, musste mir zwar erst meine Welt ein wenig erklären, aber dann hatte ich es für immer begriffen. Kaum vorzustellen! Nicht zum ersten Mal hatte ich den lieben Gott selbst in Verdacht, dass er die Hände irgendwie im Spiel gehabt haben musste. Denn kein Mensch kommt auf diese Mischung: Haftkrankenhaus Hohenschönhausen und fünf Bände Heine. Beides zusammen ist dann mein Schlüssel zur Freiheit geworden. Ich gestehe, dass mich manchmal eine seltsame Wehmut packt, wenn ich an diese erzwungenen Lektürestunden zurückdenke. Nie und nirgends konnte ich besser begreifen, was Heine meint, wenn er „Vaterland zum Mitnehmen" sagt.

Ich lag auf meinem Krankenbett, freute mich über das frühe Wecken und las ein paar Spottgedichte vor dem Frühstück. Ich hatte genug Zigaretten und genug zu lesen. Auch eine Luther-Bibel lag vor mir, als wäre diese Lektüre eine Selbstverständlichkeit im DDR-Gefängnis. So las ich mir Gott und die Menschheit zusammen, und beide passten ganz und gar in meine Krankenzelle. Ich teilte Heines Heimweh und ergänzte es durch mein Fernweh. Es war mir klar, dass ich nun alles hatte, was ein Mensch gebrauchen kann.

Schnee von gestern

Himmel bleibt Himmel. Tor bleibt Tor. Wachturm bleibt Wachturm. Aber schon beim Schnee wird es schwierig: Schnee bleibt nicht Schnee. Aber Wahrheit bleibt Wahrheit und Bus bleibt Bus. Jedenfalls im Gedächtnis.

Niemals kann ich diesen Bus vergessen. Noch nach über zwanzig Jahren steht er mit laufendem Motor auf dem Gefängnishof im Schneematsch vor dem geschlossenen Eisentor, beschattet von vier Wachtürmen unter dem offenen Winterhimmel von Karl-Marx-Stadt. Ich steige ein. Ich trage Sommersachen. Sie riechen nach Mottenkugeln.

Der Bus hat getönte Scheiben. Mit geschlossenen Augen sehe ich die Farben der Sitzpolster vor mir. Ich kann ihr Muster hersagen. Es leuchtet in meinem Gedächtnis. Seltsame Erinnerung, die die Sitzpolster zum Leuchten bringt. Die Pforte zur Hölle sieht aus wie die Pforte zum Paradies.

Wir fahren mit dem Bus vom Hof. Plötzlich sehe ich Schnee, nach Monaten das erste Mal Schnee. Und im Schnee Menschen. Und an den Händen der Menschen Kinder. Ich hatte vergessen, wie klein Kinderhände sind. Vergessen! Ich hatte wohl ganz vergessen, dass ich lebe. Neben mir sitzt Tine. Sie hat auch Sommersachen an. Ihre Augen sind blau. Ihr Gesicht ist blass. Neulich war sie so braun. Neulich ist schon lange her, ich sehe es an Tine. Sie hat kurz geschnittenes Haar. Beim letzten Mal hatte sie sehr langes Haar. Mir war noch nicht aufgefallen, dass sie eine tiefe Stimme hat. Ich habe lange nicht mit ihr geredet. Sehr lange nicht. Zu lange. Es gab so vieles zu schweigen. Mich wundert, dass dieses die Wirklichkeit ist. Die Wirklichkeit ist bunt. Ein Traum kann es nicht sein. Ich habe zuletzt nur noch schwarzweiß geträumt.

Ich habe sie geküsst. Der letzte Kuss, war der auch so? Ich küsse sie noch mal. Und weiß immer noch nicht, ob der letzte Kuss auch so war. Ich nehme mir vor, mich niemals in meinem Leben mehr mit ihr zu zanken. Der Bus fährt in Richtung Grenze. Mal sehen, wie es hinter der Grenze aussieht. Ich war noch nie hinter der Grenze, aber ich weiß, dass es dort besser aussieht. Ich habe in Berlin bei Bergmann Borsig gearbeitet. Da habe ich die Hochhäuser gesehen, die in Westberlin standen. Sie sahen besser aus als alle Hochhäuser, die ich bisher gesehen hatte. Manchmal habe ich Menschen auf dem Balkon gesehen. Die sahen besser aus als die Menschen auf unseren Balkons. Aber ich habe sie nur von Weitem gesehen. Die Hunde waren dazwischen. Arme verblödete Schäferhunde an langen Laufleinen. Die lebten auf diesem Streifen zwischen Leben und Tod. Da muss man ja blöde werden.

Der Bus fährt in den Westen, wo die Hochhäuser besser aussehen. Es dämmert. Der Schnee auf den Dächern glitzert. Eigentlich könnten wir auch hierbleiben, eigentlich müssten wir nicht in den Westen. Der Schnee ist auf jeden Fall der gleiche. Der Schnee kann nicht anders sein. Es wäre schlimm, wenn auch der Schnee anders wäre. So können wir wenigstens über den Schnee reden. Alles ist anders, aber den Schnee, den kennen wir von früher. Wir sind schließlich gerodelt als Kinder, wir haben

Schneeballschlachten gemacht, wir wissen, wovon wir reden, wenn wir Schnee sagen. Das lassen wir uns nicht nehmen. Tine schaut aus dem Fenster. Wenn der Schnee anders ist, sie wird sich erinnern an den Schnee, den wir kennen, sie wird den neuen Schnee mit dem alten vergleichen, und wenn es anderer ist, wird sie es mir sagen, und wir werden uns an den Schnee halten, der in unserer Kindheit fiel, als wir immer weiße Weihnacht hatten und manchmal Winterurlaub in den Bergen gemacht haben. Das muss dasselbe sein.

Wie sollen wir den anderen klarmachen, dass der Schnee nicht anders ist, wenn doch alles anders ist?

Auch der Bus ist vollkommen anders. Der Bus ist warm, die Sessel sind wie in einem Wohnzimmer. Der Bus ist nicht laut, obwohl Busse nun einmal laut sind. Ich kenne nur laute Busse, aber dieser ist leise. In diesem Bus sind selbst Schlaglöcher ein Vergnügen. Es gibt keinen Grund auszusteigen. Im Bus ist ein Kühlschrank und immer geht einer aufs Klo. Ich dachte nicht, dass es im Bus ein Klo geben kann. Man geht zu Hause aufs Klo, doch nicht im Bus. Im Bus gibt es Brötchen, die schmecken anders als alle Brötchen, die wir je gegessen haben. Sie sind größer. Wahrscheinlich müssen Brötchen so sein. Wenn Brötchen so sein müssen wie diese, dann habe ich nie vorher ein Brötchen gegessen. Aber was dann? Ich bin jeden Morgen zum Bäcker gegangen, hintenrum in die Backstube. Ich habe den Geruch noch in der Nase. Ich weiß ganz genau, dass der Bäcker immer nachts um zwölf den Ofen schon angeheizt hat. Und dass er um zwei Uhr noch mal nachlegen musste, weil die Briketts so schlecht waren. Und dass er um fünf schon wieder aufstand und um sechs schon die ersten Brötchen fertig waren. Oder sogar vor sechs, aber da war ich noch nicht so weit.

Ich habe gesehen, wie ein Brötchen entsteht. Ich habe mir an einem Brötchen die Finger verbrannt. Ich habe die Butter auf einem heißen Brötchen zerlaufen lassen. Ich habe gesehen, wie der Bäcker den Ritz im Brötchen gemacht hat. Mit den Fingernägeln nämlich. Aber wenn dies jetzt ein Brötchen ist, dann waren das keine Brötchen. Der Bäcker war kein Bäcker und ich war nicht ich. Wäre da nicht Tine, die die Brötchen kennt und den Bäcker. Für Tine ist ein Brötchen ein Brötchen, wie für mich. Daran ändert auch der Bus nichts.

Gott ist im Bus. Unbedingt. Gott weiß auch, was wir wissen. Und wie Brötchen morgens um sechs beim Bäcker riechen, hintenrum. Und er weiß, dass mir der Bäcker manchmal eine Milchsemmel geschenkt hat oder eine heiße Streuselschnecke, die ich beim Über-die-Straße-Gehen aufaß, ehe meine Schwestern merkten, wie gut es sein kann, morgens um sechs hintenrum aus der Backstube Brötchen zu holen.

Herleshausen: Für immer

Musik ist das Motorgeräusch. Das Licht flutet wie auf Bildern von Rembrandt. An der Straße halten freundliche blaue Zeichen. Wir fahren die erste Raststätte an. Endlich verschwindet der dunkle Mercedes aus der Frontscheibe des Busses. Anwalt Vogel bleibt im Zwielicht zurück – samt Kopfgeld und Reisepass. Herleshausen: für immer jenseits der Grenze. Wir sind entkommen.

Ein Lastwagenfahrer hält dicht neben uns. Sieht anders aus, der Westler hinter der Scheibe über dem Stern. In Lederjacke, freundlich, gepflegt, sympathisch. Die Raststätte feiert stilvoll Advent. Daneben eine ganze Aral-Tankstelle zum Anfassen. Hier tanken nur Westautos. Ostautos sehen wir ab sofort nur noch im Fernsehen. Gelbe Wegweiser am Straßenrand machen sich gen Osten auf. Nicht bloß Danzig, Königsberg. Nein, das vollständige Leipzig, ganz Dresden und halb Berlin. Vorbei, beschlossen. Augenblicklich fallen diese Orte zu Flecken auf der Landkarte zusammen: Betreten verboten. Wie bis gestern Hannover oder Würzburg. Oder Straßburg oder Paris.

Der westliche Wald duckt sich im Schnee. Die Bäume neigen sich unter der Last einander zu. Einer hat sich den Ast gebrochen.

Der Bus fährt weiter, ruhig und etwas zu gelassen. Durch getönte Scheiben sehen wir langsam das Leben auf uns zuströmen. Jetzt dürfen wir. Die erste Gitarre im Lautsprecher nach vierzehn Monaten spielt einen rasenden Flamenco. Froh und hoffnungsvoll träumen wir die andere Wirklichkeit.

Jeder Abschied ein kleines Sterben? Auf einmal ein Anflug von Endgültigkeit: Wir sind abgeschnitten. Von denen, die uns das Licht nicht gönnten. Aber auch von Familie und Freunden, die mit uns bangten. Nein, das beschäftigt uns jetzt überhaupt nicht, kein bisschen. Wir sind noch nicht weit genug weg. Jetzt gilt die Ankunft im Paradies. Auf der Autobahn leuchten die Baustellen gelb. Die Häuser am Straßenrand erinnern an eine Spielzeugeisenbahn zu Weihnachten. Am Himmel strahlt eine Burg wie das Neue Jerusalem. Dies ist jetzt unsere Welt. Wo Gott wohnt, wollen wir wissen. Es sieht aus, als seien wir ihm näher gekommen. Die Menschen hier sind Weihnachtsengel in Lodenmänteln.

„Die Hölle, das sind die anderen"

Wenn du die Hölle verlässt, leuchten die Namen.

Wir waren der Hölle ja entkommen. Schon in dem Augenblick, als wir dieses Formular in den Händen hielten, dass wir nun offiziell entlassen sind. Vorbei all das. Und wir waren dumm genug, um zu glauben, dass uns kein Teufel mehr packen könnte. Wir haben wirklich gedacht, die Grenze könnte uns vor ihren Übergriffen schützen. Besser wussten wir es erst, als wir später in den Akten lasen, dass wir sehr genau beobachtet wurden, bis ins Kleinste und Letzte aus nächster Nähe. Natürlich ahnten wir nicht, dass sie uns so wichtig nahmen. Um andere kümmerten sie sich gar nicht.

Dies jedenfalls musste das Paradies sein, mit oder ohne Teufel. Mit oder ohne Engel.

Wir waren froh, ihrem Zugriff entkommen zu sein. Mit einigermaßen heiler Haut und verschrammter Seele. Mit ein paar Monaten Lebensverlust, das war alles.

Das Paradies hat beleuchtete Schilder: Auf sattem Blau steht dort „Köln", „München", „Frankfurt". Namen, die sich nun aus der Landkarte erheben, als wäre das ganz normal. Namen, die nur aus Papier bestanden, jetzt leuchten sie weiß auf blau.

Dieser Anblick hat sich wie kaum ein anderer in meine Seele gebrannt. Wenn du die Hölle verlässt, leuchten die Namen.

Erste Nacht in Gießen

Zahnbürste, Zahnpaste, Handtuch, Seife, ein Schlüssel zu einem Zimmer mit Türklinke.

Als wir die Tür hinter uns zugemacht haben, schieben wir die Betten aneinander. Blau karierte Bettwäsche. Ich versuche, dem Wasserhahn Wasser zu entlocken. Das gelingt nicht gleich. Drücken statt drehen.

Tine duscht mit warmem Wasser. Sofort riecht der ganze Raum nach Seife. Ich schäme mich, weil alles schon so lange her ist. Und meiner Vergesslichkeit.

Das letzte Mal sah ich sie bei der Verhandlung. Immer im Wechsel mit der Staatsanwältin Jahnke, aber die war kein Mensch.

Tine, mein Wunder, das ich nicht glauben will.

Wir schlafen lange nicht ein und müssen lernen, uns zu riechen und zu wärmen. Das schafft man nicht in der ersten Nacht nach vierzehn Monaten.

Es drängen sich 429 Nächte dazwischen, voller Angst, dass alles ganz anders sein würde. Und all die Erwartungen, die Erinnerungen, die Enttäuschungen.

Tine lächelt im Schlaf. Ich kralle mich in die Bettwäsche und kann nichts glauben, was ich vor Augen habe. Ich habe Angst. Und eine verschrammte Seele.

Wie soll ich in diesem Zustand ihren Körper berühren, ihre Haut spüren, ihre Bewegung aufnehmen. Ohne sie zu enttäuschen. Ich habe Angst vor der ersten Nacht im Gießener Federbett.

Nach 430 Tagen auferstanden

Ich schrecke auf und sehe Tine neben mir. Ich putze mir wie verrückt die Zähne mit der neuen Zahnbürste und der Zahnpaste, die wie amerikanischer Kaugummi schmeckt und nicht bröckelt. Ich dusche und genieße es, selbst zu bestimmen, wie lange das Wasser läuft. Ich betrachte mein neues Hemd, blau kariert, ausreisewürdig, gekauft für meine letzten achtzig Ostmark, gestern im Knast in Karl-Marx-Stadt. Dieses Zimmer hat Gardinen, die ich vorsichtig zurückziehe, um Tine nicht zu wecken. Ich sehe einen dunkelblauen Mercedes, eine grüne Ente, zwei orangefarbene Käfer, einen roten Golf, artig aufgereiht zwischen weißen Linien auf einem gefegten Parkplatz. Die anderen Autos kenne ich nicht.

Ein Baum, die Sonne, der Himmel, Schneematsch. Ein Mensch in Zivil. Noch gestern Morgen hatte ich eine Blende vor dem Fenster. Seit gestern ist eine schmerzliche Ewigkeit vergangen. Ich habe in ein paar Stunden so viele Menschen auf einmal gesehen wie in den letzten vierzehn Monaten nicht. Ich habe Dinge gegessen, die ich schon vergessen hatte. Ich habe verschneite Städte gesehen. An Bushaltestellen warteten bunt gemischt händereibende Männer, Frauen und Kinder, aus deren Mündern weiße Dampffahnen aufstiegen. Ich sah schweigende Landschaften, beredte Straßenschilder und geräumte Autobahnen.

Ich habe freundliche Stimmen gehört und Tine dabei umarmt. Ich habe Tine geliebt wie nie und den Menschengroßhändler Vogel gehasst wie nie. Ihre Maschinenpistolen sah ich von Wachtürmen drohen und eine Grenze sich öffnen, einen Busfahrer und vierzig Gefangene, die hinter der Grenze aufschrien. Nie habe ich Menschen so schreien hören. Wie aus einer Kehle. Ich sah nach vierzehn Monaten das erste Kind und erschrak an einem Schlagbaum vor dem Auffanglager. Zum ersten Mal sah ich an Hochhäusern Balkons und sah blanke Autos mit Preisschildern in einem Geschäft.

Ich habe Tine umarmt und gerochen und mir den Dreck von vierzehn Monaten vom Leib gewaschen. Ich habe in einem richtigen Bett geschlafen und frisches Brot mit richtiger Butter von einem richtigen Teller gegessen.

Nach vierzehn Monaten Zichorienbrühe habe ich meine Kehle mit heißem Kaffee und eiskaltem Bier gereinigt. Ich habe behutsam Tines Haut gestreichelt. Sehr vorsichtig, weil ich vergessen hatte, ab wann man sich wehtut. Ich habe immerzu Türen geöffnet und wieder zugemacht und dabei geheult wie ein Idiot.

Jetzt stehe ich am Fenster und schaue auf eine Stadt, die einen heiligen Namen hat. Gießen. Endstation. Der erste Ort in der Freiheit. Aufwachen? Nein, lieber nicht. Nachher hängt mir ein Traum in Fetzen am Leib herunter. Es kann ja nicht wahr sein. Nicht an diesem Tag, auch morgen nicht und nicht in den endlosen nächsten Tagen. Wahrscheinlich jahrelang nicht. Alles ist unwirklich: die Hand eines kleinen Kindes, der Schnee und die Sonne, die ihn frisst.

Ich habe Leute immer abwechselnd weinen und lachen sehen. Weil es schmerzt, wenn die Ketten abfallen. Ketten, fest eingewachsen ins Fleisch und noch tiefer im Herzen. Bei mir vierundzwanzig Jahre tief. Ich höre Tines Atem. Ruhig, als hätte sie schon immer so geatmet. Noch nie habe ich sie so atmen hören.

Werden wir uns sagen können, was hinter uns versinkt? Werden wir begreifen, was vor uns aufsteht? Werden wir erklären können, was es bedeutet, sich Morgen für Morgen an einer Blende aus Blech die Augen zu brechen?

Die Autos auf dem Parkplatz vor dem Fenster brennen bunten Lack in unsere Seelen. Der erste Blick aus einem ganz normalen Fenster eines ganz normalen Zimmers nach einer ganz normalen Nacht an einem ganz normalen Morgen endet nicht an einer Blende aus Blech. Nach 429 Tagen auferstanden von den Toten.

Erste Spuren im Schnee

Ich gehe auf den Hof, einfach so. Ich mache die Tür auf, schließe sie geräuschlos. Niemand hindert mich. Ich wiederhole den Vorgang. Ich gehe ohne Bewachung über einen Flur, ohne Fangnetze, ohne Lampen, die rot aufleuchten, ohne dunkle Schleusen, ohne Gittertüren. Ich öffne die Haustür, bin gleich im Freien. Ich atme die Luft unter dem freien Himmel, solange ich will, spüre die Kälte auf der Haut, schaue einem Auto hinterher, das im Schritttempo fährt. Noch nie gesehen so ein Auto. Ich strecke mich nach einem Vogel, der auffliegt. Wohl eine Amsel. Um mich sind freundliche Gebäude versammelt, ohne bröckelnden Putz, mit richtigen Fenstern zum Öffnen und Schließen. Alle Türen lassen sich leicht aufstoßen und bremsen ab, bevor sie zufallen. Menschen gehen hinein und kommen heraus wie im richtigen Leben. Alle anders. Ich begreife nichts.

Gestern Morgen knallte der Schlüssel gegen die Eisenbeschläge der Tür, dann schepperte der Wagen mit den Rasierschüsseln. Danach der Wagen mit den Margarinebroten. Gestern Morgen wusste ich noch nicht, dass ich heute aufstehen werde und über einen Hof gehen, in dessen Mitte Gras wächst. Ich gehe in den Saal zum Frühstück. Es riecht nach frischem Bohnenkaffee. Ich darf mir einen Teller nehmen und an einem Buffet zwischen mehreren Sorten Wurst und Käse wählen. Langsam hält das Leben Einzug in meine abgestorbene Seele.

Nach dem Frühstück gehe ich durch die Schranke des Lagers auf die Straße. Ich habe mein Aufnahmepapier in der Tasche.

Ich überquere die Straße etwas zu ängstlich wegen der vielen Autos und bleibe in einem kleinen Park stehen. Das erste Mal seit vierzehn Monaten habe ich keinen Beton unter den Sohlen. Es knirscht leise beim Gehen. Dieses Geräusch hatte ich vergessen. Ich schiebe vorsichtig den Schnee beiseite. Nasser grüner Rasen mit Moos vermischt wächst mir entgegen. Es knistert, als ich mir einen Halm losreiße. Weich und lebendig. Ein großes braunes Ahornblatt klebt im nassen Winter und zerfällt, als ich es aufhebe. Das Erste. Ein alter Eichbaum ist sorgsam gestutzt und breitet seine dicken Arme über eine Gruppe von frierenden Kiefern. Eine Esche, bis in die Krone mit grünem Efeu bewachsen, sammelt heimische Vögel. Eine junge Birke kämpft mit einer jungen Fichte. Die Sonne leckt das harte Profil aus meinen ersten Spuren im Schnee.

Wer bist du, Tine?

Alles ist anders. Die Sonne leckt den Schnee von der Straße. Ich mustere Tine verstohlen. In meinen Träumen von gestern sah sie anders aus, ich weiß nicht, was anders war. Sie hat Jeans an, ihre Ostjeans. Und ihren grauen Pullover von vor zwei Jahren. Sie ist schön, aber ganz anders. Irgendwie sehen die Westfrauen anders aus als die Ostfrauen. Und die reden anders, die haben einen anderen Wortschatz, die sind anders aufgewachsen. Ist sie jetzt eine Westfrau? Wenn nicht, wie lange dauert es, bis sie eine ist? War ihre Stimme immer schon so tief? Tine ist anders. Ich bin auch anders. Sie riecht nach Westseife, redet aber noch wie im Osten. Sie läuft etwas über den großen Zeh. Und der linke obere Schneidezahn ist ein klein wenig schief, wie früher. Ihre Nase ist etwas keck.

Vor der Tür stehen Autos, keines wie das andere. Ich muss jetzt wissen, wie die Marken heißen, muss lernen, was jeder fünfjährige Junge weiß: Das ist also ein Toyota, ein japanisches Auto, Ente kenne ich, Mercedes, auch VW, Opel. Wieso fahren hier manche Škoda? Gut, er kostet, wie ich in einer Reklame sah, 6666 DM. Das ist originell, zugegeben, aber dann kaufe ich lieber ein gebrauchtes Westauto. Ein Škoda!

Tines Wunsch: ein Käfer. Das ist ein gemütliches Auto. Und wir sind aus dem Osten. Wir sind bescheiden. Ein Käfer, das ist es. Ein alter Käfer, kein neuer. Ein alter Käfer ist tausendmal besser als ein neuer Trabant. Wir sind nicht mercedesfreudig, wir nicht.

Wir gehen zum Frühstück. Über den Hof vorbei an dem

Denkmal für die Opfer des 17. Juni, das wir immer noch ein wenig für deplaziert halten, es sollte in Ostberlin stehen, aufgestellt von denen, die daraus gelernt haben. Aufgestellt von uns. Es hat etwas Gemütliches, von hier aus für die Opfer auf der anderen Seite der Welt einzutreten.

Ich habe jetzt immer Westzigaretten und Welthölzer. Nie mehr diese elende Juwel 72. Ich kann jetzt mein Leben lang Camel rauchen. Aber die andern auch. Ich bin ja gerecht. Ich will ja nichts Besseres sein. Aber der Gedanke, dass eine Camel einmal etwas ganz Besonderes gewesen ist, beschäftigt mich doch. Nun ist sie nichts Besonderes mehr. Dafür bin ich jetzt ein anderer Mensch. Mit einem Pass, in dem drinsteht, dass er gültig für alle Länder der Welt ist. Ich bin jetzt ein Weltbürger. Ich kann morgen nach Amerika oder Japan, wenn ich will.

Das Frühstück gibt es in einem Saal. Zugegeben, die Stühle sehen aus wie in einer Ostschule. Die Tassen hätte ich mir auch besser vorgestellt, aber der Geruch des Kaffees deutet unmissverständlich an, dass wir hier richtig sind.

Die Butter gibt es in kleinen Packungen mit Bundesadler. Der gleiche Adler wie an der Ständigen Vertretung der Bundesrepublik Deutschland in Ostberlin. Ich sah ihn jeden Morgen, wenn ich zur Arbeit fuhr, schwarz auf gelbem Grund, Friedrichstraße / Ecke Chausseestraße, genau gegenüber von Biermanns Wohnung. Im Flur der Vertretung hing ein Bild vom Bundespräsidenten, das konnte man sogar von der Straßenbahn aus erkennen. Sie quietschte an dieser Stelle immer, das hört man heute noch auf Biermanns Schallplatten.

Die anderen Ostler erkennt man irgendwie, an der Hautfarbe und an den Klamotten. Manche haben schon ihre Papiere und werden das Lager verlassen. Für die Abreisenden gibt es ein Paket mit Reisebroten.

Alle sind in guter Stimmung. Einer ist mit einem Wolga ausgereist, der auf dem Hof steht. Wahrscheinlich schämt er sich und wird sich bald ein anderes Auto kaufen. Er will ja auch dazugehören.

Erst müssen wir zu den Behörden, dann in die Stadt.

Wir haben ja etwas Begrüßungsgeld bekommen.

Von einer Telefonzelle aus rufe ich die Auskunft an. Ich möchte ein R-Gespräch führen, mit Verwandten in der Lüneburger Heide. Ein R-Gespräch gibt es schon seit zehn Jahren nicht mehr, sagt mir die Dame von der Auskunft. Danach kommen die 20 Pfennig wieder aus dem Automaten.

In der Stadt ist alles adventlich. In den Bäumen hängen Lichterketten. Das Benzin riecht gut, verglichen mit dem Osten. Die Menschen riechen auch gut, alles ist sauber. An der Straße sitzt ein Bettler mit einem Hut. Ich werfe die zwanzig Pfennig aus der Telefonzelle ein. Dass es hier Bettler gibt. Neben dem Bettler ein Schuhladen, neben dem Schuhladen ein Blumenladen, neben dem Blumenladen ein Tabakladen. Alles wie Intershop. Eine einzige Pfeife kostet so viel wie mein ganzes Begrüßungsgeld. Ich möchte als Erstes in eine Buchhandlung, danach in ein Schallplattengeschäft.

Klavierspielen

Am Ende der Behördenschlange führt die letzte Tür zum BKA-Mann. Ein freundlicher Herr in einem dunkelblauen Cordanzug blickt über den Schreibtisch. Er füllt einen Bogen mit Namen und Geburtsdatum aus, stellt ein paar Routinefragen und gibt ein Formular herüber, auf dem ich unterschreibe, dass ich keine Agententätigkeit für die DDR ausübe. Dann reicht er mir ein Stempelkissen: „Ihren Fingerabdruck bitte!"

Ich bin entsetzt.

„Bis zu Ihrer offiziellen Rehabilitierung, die Sie beim Generalstaatsanwalt beantragen müssen, gelten Sie als vorbestraft", sagt er, ohne aufzuschauen. Es bleibt mir nichts anderes übrig, als meinen vorbestraften Finger mit der Farbe zu versehen.

Im Knast hieß das „Klavierspielen". Gleich zu Anfang standen wir Schlange dafür. Verbrecherfoto, Fingerabdruck. Erst hatte ich mich geweigert, gab diesen sinnlosen Widerstand aber auf, als einer der Wächter mir mit so nachdrücklicher Rohheit die Hand führte, dass ich Angst bekam, mir die Knochen zu brechen. Erst in die klebrige Farbe, dann aufs Papier. Dazu ein Foto im Profil, eins von vorn mit Nummer vorm Bauch. Danach mit ATA und kaltem Wasser die Finger reinigen. Es gibt wenig in der DDR, das annähernd die Haltbarkeit dieser Farbe erreicht hätte. Meine dünne Haut unterliegt auch in diesem Kampf.

Hier führt mir niemand die Hand. Aber eine freundliche Dame im Nebenraum hält lächelnd ein wohlriechendes Spray bereit, mit dem sich in Sekundenschnelle die Farbe auf meinen Fingern in ein Nichts auflöst. Verblüfft über diese wundersame Befreiung von der Stempelfarbe, vergesse ich die Demütigung.

Am Ende der Zensur

Wie oft habe ich vergeblich versucht, mir auszumalen, was ab heute zu meinem Alltag gehörte. Eine Buchhandlung voller verbotener Bücher! Wenn ich im Knast wochenlang keine gedruckte Zeile zu sehen bekommen hatte, schloss ich die Augen und rief mir volle Bücherregale in Erinnerung. Nun betrat ich wirklich den ersten Buchladen. Der Anblick überwältigte mich augenblicklich. Mehrere Etagen waren bis an die Decken vollgestopft mit kostbarer Mangelware. Bücher, voll lebendigen Lebens, unübersehbar. Keiner hinderte mich zuzugreifen, zu blättern, zu lesen. Die Welt stand plötzlich ohne Maulkorb da. Ein endloses Autoren-Alphabet, von der allmächtigen Zensur erfolgreich aus den real existierenden Mauern getilgt, vollzog vor meinen Augen eine leibliche Auferstehung in die Bücherregale.

Ich gab es bald auf, alle einzeln zu begrüßen. Die Ausgebürgerten und die Geschmähten, die Verkauften und die Vergessenen, die Zerstörten und die Zerrissenen, die Verbotenen und die Verbannten, die Totgeschwiegenen und die Verbrannten. Wie ein seliger Idiot taumelte ich vor den Regalen hin und her. Mein Zustand schwankte zwischen Erschöpfung und Begeisterung, Trauer und Wut, Schmerz und Freude. Wie viele Jahre Knast standen hier an den Wänden! Oft waren es nur ein paar Zeilen irgendwo zwischen diesen Tausenden von Buchrücken, die irgendeinem Menschen ein paar Jahre aus der Lebensuhr gefressen hatten. Ein kleines Gedicht von Reiner Kunze, ein einziges Lied von Wolf Biermann, eine Novelle von Alexander Solschenizyn, ein paar Protokollseiten von Jürgen Fuchs. So was reichte für eine bittere Zeit ohne Lesefrüchte in Bautzen oder einer ähnlich literaturfeindlichen Gegend.

Druckerzeugnisse aller Art hatten es schwer, ihre Daseinsberechtigung zu behaupten. Einem meiner Zellennachbarn war zur Last gelegt worden, gezielt Zeitungsartikel aus ostdeutschen Zeitungen gesammelt zu haben. Sie seien alle offiziell erschienen, wehrte er sich. Aber nicht als Sammlung, klärte man ihn auf. Auf den Einwurf, dass jedes Archiv das tue, wurde ihm entgegengehalten, er sei eben kein Archiv. Außerdem: Was gestern gültig war, gilt heute noch lange nicht. Zeitlos und unumschränkt war allein die Ungnade. Jeden konnte sie jederzeit unvermittelt treffen. Leider wusste man nie genau, wer wann in Ungnade fiel. Ein Mitgefangener hatte ein in der DDR erschienenes Buch verliehen. Dummerweise zum falschen Zeitpunkt. Der Autor, Erich Loest, war in die tödliche Ungnade gefallen. Ein Buch von ihm war genug für ein paar Monate Urlaub vom Leben.

Eine meiner Lehrerinnen im Buchhandel hat es Günther Grass nie verziehen, dass er sein Stück „Die Plebejer planen den Aufstand" ein paar Tage zu früh veröffentlicht hatte. Sie erzählte, dass die „Blechtrommel" schon zur Auslieferung an die Buchhandlungen bereitlag. Da erschien im Westen sein Theaterstück über den 17. Juni. Ungnade für Grass – und für immer! Die gesamte druckfrische Auflage der „Blechtrommel" wurde eingestampft.

Heinrich Böll beherbergt den ausgebürgerten Alexander Solschenizyn. Ungnade. Günther Wallraff wird mit Wolf Biermann im Fernsehen gesichtet. Ungnade für Wallraff, Biermann ist schon aus der Menschheit ausgeschlossen.

Wer auch immer die DDR verlässt: die Ungnade verlässt ihn nicht. Bei anderen sorgt man vor: Max Frisch kam gleich mit gestutzten Flügeln auf den Markt. Sein Tagebuch wurde um mehr als die Hälfte gerupft. Sogar Christa Wolf musste unter dem geteilten deutschen Himmel mit gespaltener Zunge reden. Eine vollständige „Kassandra" erschien nur im Westen, eine abgespeckte war für den Osten gut genug.

Was die offene Zensur nicht schaffte, erreichte die verborgene. Die Auflagen wurden so klein gehalten, dass es aussichtslos war, ohne Beziehungen bestimmte Bücher zu bekommen. Als Buchhändler-Lehrling konnte ich schon am ersten Tag auf neunzig Prozent der Fragen erschöpfende Antworten geben: Haben wir nicht. Gibt es nicht. Ist vergriffen. Die Neuerscheinung einer sogenannten Lizenzausgabe aus dem Westen war eine Sensation, die sich wie ein Lauffeuer verbreitete. Es gab Leute, die wochenlang Tag für Tag den Umweg über die Buchhandlung machten: „Ist der neue Canetti oder Proust oder Faulkner schon da?"

Traf das heiß erwartete Buch endlich ein, kam es vor, dass die Buchhändler das Los darüber warfen, weil die Lieferung nicht einmal für die Belegschaft reichte. Zwischen „Leider noch nicht erschienen!" und „Leider schon vergriffen!" lagen nicht Welten, sondern Minuten. Welches Ereignis war es unter diesen Umständen, als „Die Pest" von Albert Camus, „Der Meister und Margarita" von Michail Bulgakow, der „Steppenwolf" von Hermann Hesse oder „Wind, Sand und Sterne" von Antoine de Saint-Exupéry erschienen! Der Gedichtband „Brief mit blauem Siegel" von Reiner Kunze kam gerade noch rechtzeitig vor seiner Ausbürgerung. Wie arm wären wir ohne diese Gedichte geblieben!

Monatelang warteten wir auf Salingers „Fänger im Roggen" oder Hemingways „Wem die Stunde schlägt". Für eine zehnbändige Ausgabe der Romane Thomas Manns habe ich als Lehrling wochenlang auf das Mittagessen in der Kantine verzichtet. Dies war die gehaltvollere Nahrung. Und beides konnte ich mir nicht leisten. Bücher veränderten unsere Welt. Sie waren Fenster zum Leben. Sie befreiten uns für Stunden aus der geistigen und kulturellen Einöde, der wir hinter der Mauer ausgeliefert blieben. Wir vergaßen die Welt um uns, nicht immer folgenlos. So merkte ich oft erst an der Endstation der Straßenbahn, dass ich an meiner Buchhandlung vorbeigefahren war. Einmal saß ich mit Christus und dem Großinquisitor in einer Gefängniszelle von Sevilla, in die mich Dostojewski gezerrt hatte. Ein anderes Mal war Günther Kunert schuld, der mich gerade mit DDR-Augen durch irgendeine Straßenschlucht in Manhattan lotste. Ich kam trotz Dauerlaufes zu spät zur Arbeit.

Vielfach gelang es Freunden, verbotene Bücher durch die Kontrollen zu fädeln. Auf diese Weise kam ich in Besitz des unglaublichen „Archipel Gulag" von Alexander Solschenizyn oder der doppelt verbotenen „Berichte aus dem sozialistischen Lager" von Julij Daniel, die Wolf Biermann so illegal wie unübertroffen ins Deutsche und meine Seele gebracht hat. Ohne die „Gedächtnisprotokolle" von Jürgen Fuchs und die „Wunderbaren Jahre" von Reiner Kunze, beide verdarben mir je ein Weihnachten, hätte ich nie gewusst, was sich in meinen Mauern wirklich abspielt.

Wer beim Versuch, diese gefährlichen Bücher einzuschmuggeln, erwischt wurde, durfte in der Regel nach ein paar Stunden unfreundlicher Verhöre die DDR nie mehr betreten und setzte die wichtige Verbindung zu Freunden oder Verwandten aufs Spiel.

Es waren nicht nur die mutigsten, sondern immer auch die aufmerksamsten unserer Besucher, die es dennoch nicht unterließen. Sie hatten die empfindlichste Stelle des Systems entdeckt. Die Bücher hinterließen gefährliche Löcher in der Mauer, durch die wir lernten, uns selbst von außen zu sehen. Nur so konnten wir unser Dasein in seiner umstellten Wahrheit erfassen und gleichzeitig erkennen, dass es außerhalb dieser Mauer eine Menschheit gab, zu der wir immer noch gehörten. Ohne solche Menschen hätten nicht wir die DDR, sondern die DDR uns überlebt.

Bücher, die so gefährlich hineingelangt waren, gelangten nur selten auf Regalbretter. Sie reisten heimatlos auf sensiblen Wegen von Hand zu Hand, vermehrten sich, sobald sie an einer Schreibmaschine vorbeikamen, wurden ausgelagert, wenn eine Haussuchung zu befürchten war. Oder sie wurden irgendwann abgeholt und zusammen mit dem Besitzer aus dem Verkehr gezogen.

Hier standen sie schön gebunden unbehelligt auf den Regalen. Manches kannten wir nur als zerlesenen vierten Durchschlag, den nicht mehr alle Buchstaben erreicht hatten. Das Ende der Zensur bleibt für mich eines der prägendsten Ereignisse meines Lebens. Es ist der Augenblick, in dem ich die verordnete Unschuld verlor. Erstmals stand ich vor der ungemütlichen Notwendigkeit, mir meine Vorurteile selber aussuchen zu müssen, und der unbequemen Tatsache, für sie verantwortlich zu sein. Gut und Böse rückten in gefährliche Nachbarschaft zusammen, und die Wahrheit stand nicht mehr so treffsicher zwischen den Zeilen.

Wer die Zeiten der Zensur nicht kennt, wird nur schwer begreifen, dass ein paar unerlaubte Worte lebendiger sein können als ein ganzes geräuschloses Leben.

Überfüllte Einsamkeit

Auf der Stadt lastet das gute Dunkel. Ich suche über dem Neon Sterne, die ich vierzehn Monate lang vermisst habe. Kein Großer Wagen, kein Reiterchen, kein Orion. Die Verheißung ist ausgebrannt. Kein einziges Licht am Winterfirmament. Ich vergesse beides: Verheißung und Sterne. Das Rot der Sparkassenreklame holt mich ein. Nie habe ich ein solches Rot gesehen. Daneben greift mir eine griechische Imbissbude durch die Nase in den Magen. Ich kaufe mir eine Portion Gyros. Noch nie gegessen. Wie lange habe ich keinen Knoblauch gerochen? Die Straße ist sauber, die Geschäfte locken, aber keiner macht davon Gebrauch. Geschäfte mit verschlossenen Türen strahlen eine tiefe Sinnlosigkeit aus. Wo sind die Menschen nachts unter dem Mond?

Auf einmal bin ich allein inmitten dieser fremden Stadt. Meine Augen krallen sich an dem Imbissbudenverkäufer fest. Er ist sauber und freundlich, jung und müde und weiß nicht, dass ein Weißbrot zum Wegwerfen zu schade ist. Auf der anderen Straßenseite grölt ein angetrunkener Jugendlicher, der sich an einem Straßenschild aufrecht hält. Er trägt ein fröhlich kariertes Hemd, eine weiche braune Lederjacke, sattblaue Jeans. Selbst die Besoffenen sehen besser aus im Westen. Schaufensterpuppen werfen ihre Kleider mit gepflegtem Gipslächeln auf die frisch gefegten Platten der Fußgängerzone.

Plötzlich überfällt mich die Leere. Die entseelte Innenstadt presst mich an ihr gläsernes Herz. Ich sehe diese quellenden Geschäfte, die blanken Scheiben, das künstliche Licht – und im Schatten dezente Preisschilder. Die Sauberkeit fasst mich an, ich habe das Gefühl, duschen zu müssen. Ich laufe hinter einer letzten Kehrmaschine her. Ein leerer Bus mit leeren Sitzen hinter leeren Scheiben hält an einer roten Ampel vor einer leeren Kreuzung. Vor einem leuchtenden Autohaus studiere ich die Gebrauchtwagen-Preise der Mercedes-Autos und ahne, dass selbst sie bezahlbar sind. In der Nacht fallen die Preise. All diese blitzenden Autos hinter Glas sehen aus, als seien sie gerade erst gebaut worden. Ich stelle mir vor, in einem dunkelblauen Daimler-Benz über die Transitstrecke zu fahren. Diszipliniert, lächelnd, mit dem entsprechenden Selbstbewusstsein. Mit der Genugtuung, dass keiner derer, die mich geprügelt und gedemütigt haben, je vor einem Autohaus stehen wird und die Preise studieren, versuche ich mich loszumachen. Da merke ich, dass diese ganze entvölkerte Welt mir nicht gehört.

„Farbe oder schwarzweiß?"

Vor diese Wahl stellt mich die freundliche Fachverkäuferin in der Fotoabteilung, als ich einen Film kaufen will. Ich nehme „schwarzweiß" und widerspreche ihr nicht, obwohl ich es besser weiß:

Eine der gründlichsten Erfahrungen, die das Malen auf grauem Papier vermittelt, ist die, dass Weiß auch eine Farbe ist. Ich habe das jahrelang geübt. Weiß erhellt, erfreut, belebt und bejaht. Es ist ebenso entschieden wie Rot oder so deutlich wie Blau. Leuchtet der Pinsel rot, malt er Rosen. Glüht er weiß, dann zeichnet er tanzende Sterne. Das ist mehr als nur eine freundliche Aufmunterung für einen nebeligen Herbsttag. Solche Sterne sind helle Wegweiser. Mal leuchtet ein Wort, mal ein ganzes Gedicht oder eine Liedzeile, wie etwa diese von Wolf Biermann: „Du brauchst uns, und wir brauchen grad deine Heiterkeit". Ja, Weiß ist eine heitere Farbe. Es ist rein und klärt auf. Diese Erkenntnis berührt ganz nebenbei eine Grundwahrheit unseres Glaubens. Freude ist nicht gleich Abwesenheit von Leid. Das Ende der Angst ist noch lange nicht die Freiheit. Barmherzigkeit heißt nicht, dass Rache und Hass besiegt sind. Eine entwaffnete Armee ist keine Friedensbewegung. Mit einem Wort: Gott malt in vielen Farben. Aber jede spricht allein für sich selbst. Und nie malt er so flimmernd bunt, wie wenn er mit Weiß malt!

Kennst du mich noch?

Seit ein paar Tagen beobachte ich sie verstohlen, weil ich nicht glauben kann, dass es dabei bleiben soll, dass wir uns wiederhaben. Sie ist blass. Sie hat eine fremde Stimme. Sie hat einen anderen Schritt. Sie hat einen anderen Blick. Sie hat eine andere Sprache. Sie hat bis vor drei Tagen mit sieben Frauen auf einer Zelle gelegen, die für zwei gerade groß genug gewesen wäre. Die Frauen haben im Schlaf geschrien. Sie wurden nicht gefragt, ob sie sich riechen können. Zwei Waschbecken zwischen zwei Zellen für sechzehn Leute, zwei Toiletten. Wenn sie morgens erledigt von der Nachtschicht kamen, wurden sie so oft die Treppe hoch- und runtergejagt, bis auch die Letzte erschöpft ihre Schuhspitzen gerade am weißen Strich ausrichtete, der über den Flur vor den Zellentüren bis zur Mauer lief. Frauen in blauen Drillichlumpen, bewacht von Weibern in blauen Uniformen, die Kommandos gellen ließen. Aber das war gestern. Und vorgestern und davor eine Ewigkeit.

Hoffentlich hat sie sich nicht verändert, denke ich. Aber was heißt das nach vierzehn Monaten? Ich habe sie jeden Tag vor mir gesehen, hielt sie tief versteckt vor den Blicken der Schergen, die in ihren Briefen wühlten, wenigstens ihr Gesicht. Ich bewahrte ihre Briefe und meine Träume, meinen Schmerz und meine Wut, wenn ich bange einen neuen Brief abholte, den der „Erzieher" noch einmal dienstbeflissen entfaltete und durchlas, ehe er ihn stempelte und mir im Austausch gegen den letzten aushändigte. Dazwischen ein Monat. Ich trug diesen Brief im Brustbeutel, der gefilzt wurde, einmal die Woche, wenn ich unter dem ewig zu kalten Wasser der Dusche stand. Mehr als einen Brief durfte man nicht besitzen.

Das Letzte, was ich von ihr gehört hatte, war eine Nachricht durch den Gefängnispfarrer Giebeler. „Ihrer Frau geht's gut", sagte er, „aber sie hält sich nicht an die Ordnung. Nehmen Sie Einfluss, wenn Sie ihr schreiben." Danach hatte ich nichts mehr gehört. Jetzt durchsuchte ich alle Erinnerungen nach ihr. Die unbeschwerte Zeit in Pankow unter den rot blühenden Kastanien, sie im Sommerkleid, ich verliebt. Für immer versunken, hinter uns ein dunkles Loch.

Als ich sie das letzte Mal sah, lief sie, ohne sich umzudrehen, mit sanften Schritten auf eine rote Backsteinmauer zu. Ich sah die Scherben und den Elektrozaun, die Schäferhunde und das Schild: Verbotene Zone. Dahinter ein graues Tor mit Eisenzacken. Ich sah sie in ihren blauen Uniformlumpen, sah, wie sie immer kleiner wurde. Dann klopfte sie an das Tor, das sich quietschend aufschob. Sie verschwand im Licht. Langsam und unaufhaltsam schloss sich das Tor zwischen ihr und mir. Das war gestern Nacht, bevor ich aufwachte.

Sie hat sich eine rostbraune Cordjacke und einen dunkelgrauen Wollpullover beim „caritas" geholt. Eine Jeans von vor dem Knast passt ihr noch und die Schuhe mit dem Greifswalder Straßenstaub. Hellbraune Salamander, für hundertfünfzig Ostmark. Das Geld für den jährlichen Kartoffeleinsatz. Für einen Monat Arbeit ein paar Schuhe, die freilich auch dem Westen noch standhielten.

Wir gehen in die Stadt und bleiben an jeder Auslage hängen. Sie vergleicht irgendwelche Preise. Wir brauchen eine Reisetasche. Aber unser halbes Begrüßungsgeld wäre zu viel für eine ganz normale Tasche aus Stoff.

Ein Kaffee bei Tchibo für fünfzig Pfennig ist drin, das ist in Ost zwei Mark fünfzig, aber der hier ist wirklich Kaffee, wir gönnen ihn uns, weil er wärmt. Ich möchte mir eine Pfeife kaufen, endlich. Die Letzte habe ich in der Zelle gelassen. Für Rainer. So was nahm man nicht mit, so was konnte nicht ersetzt werden. Samt Tabak. Falls man den ausgetrockneten billigen Feinschnitt, der in der Pfeife heiß wurde und auf der Zunge brannte, Tabak nennen kann. Besser, als immer nur sich selber riechen. Die Rauchwolken beobachten bei der Flucht aus dem Fenster, das tat gut. Die Pfeifen im Westen haben einen Kohlefilter. Was es alles gibt. Ein Tabakladen mit fünfzig oder mehr Sorten Tabak. Das hilft erst mal gegen diese Erinnerung.

An den Kauf einer Pfeife ist nicht zu denken. Kostet so viel wie ein Paar Schuhe.

Wir laufen wie im Traum durch die bunte Fremde. Wie schnell man die Welt vergessen hat. Und die Welt uns. Bin ich noch ich? Ist Tine noch Tine? Kennst du mich noch? Wie sehen wir aus, die Mauer im Rücken, ab ins Offene, ohne Ausrede, ohne vertraute Feinde, ohne fremde Freunde ...

Gut, dass wenigstens die Sparkasse Sparkasse heißt, ein Telefon ein Telefon ist und ein Taxi ein Taxi. Obwohl: Nichts ist dasselbe.

Ein Telefon wird nicht abgehört. Das Geld auf der Sparkasse klingt wie richtiges Geld in der Tasche. Und die Taxen stehen hier Schlange nach Menschen, nicht umgekehrt. Ich stelle mir ein Land vor, in dem nichts den bisherigen Namen hat. Besser als jetzt wüsste ich auf Schritt und Tritt, dass ich in der Fremde und nicht zu Hause bin. Ich müsste die Ankunft lernen. Das Laufen, das Schmecken, das Singen und was „ich liebe dich" heißt. Ich käme nicht auf den Gedanken, fremd im eigenen Land zu sein.

Dies hier ist so undurchschaubar. Die wohlausse-
henden, betriebsamen, freundlichen Menschen und die
wachsende Sehnsucht, einer von ihnen zu sein. Bei jedem
Schritt das Gefühl: Irgendwas machst du falsch. Irgendwas stimmt nicht.

Welches ist das Exil? Dieses Land, in das wir verkauft
wurden, oder das andere, aus dem man uns hinauswarf?

„Wie lange sind Sie schon in Deutschland?", werden
wir gefragt.

Oder wir hören, dass Deutschland gegen die DDR Eis-
hockey spielt. Das schmerzt. Für die Menschen hier ist
Wittenberg so fern wie für uns Königsberg. Wir gehören
nicht dazu. Auch bei denen nicht, die „DDR" in Gänse-
füßchen setzen.

Ich genieße es, Wörter zu vergessen. Abschnittsbe-
vollmächtigter, Antifaschistischer Schutzwall, Diktatur
des Proletariats, Shiguli, Getränkestützpunkt. Dass ein
normales Geschäft Shop, Store oder Discount heißt, ein
Schnellzug Intercity und der Klang eines Radios Sound,
ist gewöhnungsbedürftig.

Die Läden sind ohne Schlangen. Wohl, weil es nichts
gibt, was es nicht gibt. Die Frage drängt sich auf, wer
sich zwischen zwanzig Sorten Joghurt wirklich noch
zurechtfindet. Ich verstehe nicht, dass die gleiche Hose
der gleichen Marke unter Umständen ein Drittel weniger
kostet als im Modegeschäft an der nächsten Ecke. Ein
Rätsel ist auch, dass ich beim Bäcker Uhren kaufen kann,
die viel billiger sind als beim Uhrmacher.

Diese Welt ist fremd. Jeden Tag lerne ich, neue Fehler
zu machen. Wie gut das tut, dass es nicht die alten sind.

Kreuz auf der Mauer

Sie ist achtzehn, blond mit blauen Augen, die sie schließt, wenn wir uns unter der letzten Laterne küssen. Deshalb sieht sie auch nicht den Schatten, den wir werfen, wenn wir uns umarmen. In der Straße, in der diese Laterne die letzte ist, wohnt sie seit ihrer Geburt. Die Straße läuft auf einen S-Bahn-Bogen zu. Dahinter geht sie unter gleichem Namen weiter. Die Hausnummern nehmen auf der einen Straßenseite zu, auf der anderen Seite ab. Die Straßenbahnschienen in der Mitte sind vollkommen verrostet und enden vor dem S-Bahn-Bogen. Auffällig ist die Beleuchtung. Die Peitschen, an denen helles Licht hängt, beginnen erst hinter dem Bogen. Diesseits gibt es nur Funzeln. Jede zweite ist abgeschaltet, jede dritte kaputt. Über die Brücke fährt regelmäßig eine S-Bahn, die sich von den üblichen S-Bahnen dadurch unterscheidet, dass ihre Züge auffällig sauber sind.

Die Gleise liegen auf der Grenze. Aus diesem Grunde ist der S-Bahn-Bogen zugemauert. Unterhalb der Eisenträger, auf denen die Bahn die Straße überquert, endet unser Stadtteil gewaltsam. Die Bahn fährt am Todesstreifen entlang. Der Todesstreifen ist nur diesseits der Grenze tödlich und die zugemauerte Brücke nur diesseits das Ende der Welt. Ich wohne direkt davor. Aber das interessiert sie nicht, wenn wir uns umarmen. Sie sieht auch nicht den Schatten, den wir werfen, unter dem letzten Laternenpfahl im Osten. Er fällt wie ein Kreuz auf die Mauer. Und wenn wir uns umarmen, dann steckt dieses Kreuz mitten im Herzen.

Kreuz vor Gericht

Sie hat ihr geblümtes Kleid an. Frühlingsblumen, die nie verblühen. Neulich, im anderen Leben, trug sie es, als wir bis tiefnachts in Eldena waren. Als die Sonne sich davongemacht hatte, wärmten wir uns in den hohen Mauern der Klosterruine mit Worten, Träumen und Küssen. Ein paar Kerzen hatten wir mitgenommen und in eine Fensternische zwischen die Backsteine gestellt. Aber der Mond warf uns durch den gotischen Bogen des hohen Chores den Schatten unserer Umarmung als Kreuz vor die Füße.

Jetzt sehe ich sie schon von Weitem, als sie über den Hinterhof des Stadtbezirksgerichts Littenstraße in Berlin-Mitte getrieben wird. Sie trägt Handschellen. Zwei bewaffnete Männer schieben sie vor sich her und verdecken mit ihren graugrünen Uniformen das lebendige Grün auf Tines Frühlingskleid. Auf dem Flur werden die Handschellen abgenommen. Sie wird in ein Kabuff gesperrt. Zwischen mir und ihr bleibt eine Kammer frei, um Klopfzeichen zu verhindern.

Nur ein einziger Blick, ein Lächeln im Vorübergehen, dazu dieses Kleid. Wie oft bin ich ihr in den letzten Monaten im Traum hinterhergelaufen. Aber selbst in den kühnsten Träumen blieb dieses Frühlingskleid schwarzweiß. Im Traum ging sie ganz langsam vor mir her. Obwohl ich rannte, konnte ich sie nicht einholen. Sie wurde immer kleiner, bis sie am Horizont in den Wolkenbergen über der pommerschen Landschaft verschwand.

Wenn ich dann auf meiner Pritsche aufwachte, war ich

durchgeschwitzt. Das kalte Scheinwerferlicht, das nachts den Hof mit den Käfigen ausleuchtete, brach sich in den Glasbausteinen des Zellenfensters. Bis der Lichtwurf beim nächsten Kontrollgang das Neongespenst über der Tür entfachte, vergingen einige wohltuende Minuten. Das Auge des Wächters schwamm im Spion. Aber diese Wirklichkeit war tausendmal besser als die dunklen Träume. Der nächtliche Beobachter bewegte lautstark die Spionklappen. Ich malte mir aus, wie er gleich in Tines Zelle glotzen würde, sie mit dem Neon und seinem Auge behelligen.

Ich hatte sie in den zehn Monaten nur zweimal eine Viertelstunde lang gesehen. Im Trainingsanzug und gelb karierten Pantoffeln. Immer die Fresse der Bewacher dicht daneben. Das Kleid hatte ich vergessen. Den Frühling auch.

Ich hoffte auf eine lange Verhandlung. Auf der Anklagebank würden wir ja nebeneinandersitzen. Dann wollte ich ihr Gesicht auswendig lernen. Und ein paar Blumen vom Kleid dazu.

Sie nehmen uns die Handschellen ab. Als ich in den Gerichtssaal geführt werde, sitzt sie schon auf einem Stuhl. Schräg hinter ihr der Adlatus des Menschenhändlers Vogel, unser Anwalt Hartmann. Und ein Rudel Bewacher. Ein weiterer Stuhl ist für mich frei. Mit der nötigen Distanz. Auf einer Anklagebank wären wir uns wohl zu nahe gekommen. Ich lerne alles auswendig: die Farbe der Sonne in ihren Haaren, ihr Lächeln für mich, ihre Bewegung, den Klang ihrer Stimme. Spott und Verachtung für die Szenerie. Sie nutzt die Verhandlungsdauer, um ihren Stuhl heimlich Zentimeter um Zentimeter dem meinen zu nähern. Aber Anwalt Hartmann hinter uns bemerkt die Aktion, gibt ein Zeichen und einer der Polizisten sorgt unsanft für Ordnung.

Als die erste Verhandlungspause angesagt wird, springt sie blitzschnell von ihrem Stuhl auf. Ehe das Gebrüll der Bewacher einsetzt, hat sie mich umarmt. Ich spüre ihren Atem, die Wärme ihres Körpers. Den Kuss eines Engels hätte ich niemals getauscht gegen diesen. Auf einmal war ich frei. Befreit von den Tiraden der Staatsanwältin, den Gesichtern der Schöffen, dem Grinsen des Anwalts. Die Hölle des düsteren Gerichtssaales war in ein himmlisches Licht getaucht. Mensch, Tine! Die Mittagssonne brach sich am Fensterbalken und fiel uns auf den Rücken. Auf das verkommene Parkett schlug unser Schatten als ein Kreuz, ehe die Wächter uns auseinanderrissen. So war das Leben. Und das hielt fürs Leben. Was konnten die uns eigentlich tun? Immer wieder konnten sie uns auseinandersperren, immer wieder an uns herumreißen, Tag für Tag, Stunde für Stunde mit Gewalt. Aber diese Umarmung kriegen sie nicht kaputt.

Berlin im Fleisch

Wo sollen wir bleiben? In Gießen haben wir Geld für einen Flug nach Berlin bekommen. Leider auch die bittere Nachricht, dass wir Transitverbot haben. Weder mit dem Auto noch mit der Eisenbahn, allein im Flugzeug können wir nach Berlin und zurück. Bis auf Weiteres. Das kann ewig dauern.

Solche Gedanken verfliegen in Windeseile, als uns die vertraute Stadt unter die Tragflügel kommt. Der Fernsehturm von Weitem, dann geht es schnell. Das muss Pankow sein. Irgendwo dort unten liegt unser Gefängnis, der Freihof. Nun sitzen wir selbst in einem der Silbervögel, denen wir durch den Maschendraht sehnsüchtig hinterherschauten. Wir landen in Tegel.

Ich habe es nicht geglaubt. Westberlin. Der Ku'damm. Und mittendrauf ich. Neben mir Tine. Die Straße, die es gar nicht gibt im richtigen Leben. Menschen. Hastend, eilend, bummelnd, redend, essend. Westmenschen, fröhlich, streitend, fluchend, still, als wäre das ganz normal. Mitten im Licht vor Kranzler. Auch nur Menschen. Die Kaiser-Wilhelm-Gedächtniskirche. Eine sanierte Ruine kämpft mit dem Beton des Neubaus. Alles sieht aus wie auf der Postkarte, die sie uns schickten, als sie uns verließen. Nur der Silbervogel fehlt. Ich sehe ihn klein und fern: das Leuchten einer Maschine, die in Tegel aufsteigt. Gleich hat sie die Mauer, gleich die Fanggitter der U-Haft erreicht. Wenn wir gerade Freistunde hatten, sahen wir die Flugzeuge Sie flogen so tief, dass man unterscheiden konnte, ob es Swiss Air, PanAm oder Air France war.

Daran, dass wir in der Einflugschneise lagen, erkannte ich damals, dass mein Gefängnis in Pankow sein musste. Karierte Wolken. Das ist vorbei. Tine im neuen Pullover. Sehen die Leute uns an, dass wir bis vorige Woche im Knast waren? Wissen die, was das heißt, jetzt hier entlangzutaumeln und so zu tun, als hätten wir vergessen, was das Leben ist? Nie vergesse ich die Pferdedecke auf der Haut, die Kernseife im Haar, die Handschellen an den Gelenken. Gestern war ich noch kein Mensch.

Ich habe einen westdeutschen Personalausweis. Der da an der Ecke, hat der auch einen? Ein Bettler an der Straßenkante spielt schlecht Mundharmonika. Ich werfe ihm ein paar Groschen in den Hut, als fütterte ich eine Taube. Das KaDeWe. Ich gehe in das oberste Stockwerk, in die „Fress-Etage", von der die Leute erzählen. Aber ich bin zu geizig, mir hier ein Bier zu kaufen. Mir wird schlecht, weil mein Magen schon auf den Anblick von tausend Käse-Sorten nervös verschlossen reagiert. Meine Neugier verschwimmt im Überfluss.

Ich gehe wieder raus und trinke in der Bude an der Ecke ein Schultheiß. Das gab es in meiner Kindheit auch. Der Bürgermeister mit dem Litermaß und dem Augenzwinkern verblich langsam an beiden Seiten des Eingangs zur Dorfgaststätte. Wenn wir aus der Schule kamen, tranken wir hier manchmal jeder eine halbe Fassbrause und hörten den Männern zu, die von Herta BSC schwärmten, obwohl Herta doch im Westen war. Mit der Fassbrause wuschen wir die Kehle vom „Immer bereit!", mit dem jede Stunde begann. Wenn das Geld noch reichte, warfen wir zwei Groschen in die Musikbox und hörten die einzige Westplatte, die es hier gab: „Marmor, Stein und Eisen bricht, aber unsere Liebe nicht". Beim Rausgehen zwinkerte der Schultheiß. Im Westfernsehen und im Konsum tat er es auch. Ein Zeichen, dass beides doch irgendwie zusammengehörte.

Oft holte ich eine ganze Tasche, dienstags, wenn abends Posaunenchor war. Und für die Jungbläser eine Brause. Oder wenn mein Vater und ich auf dem Pitty-Roller einen Ausflug machten: Dann streiften wir durch die märkischen Wälder hier ringsum. Irgendwo in einem Dorf machten wir Rast. Mein Vater bestellte ein Schultheiß und ich bekam eine dunkelrote Brause aus einer Flasche mit Schnappverschluss. Die Wälder im Osten sind uns jetzt versperrt. Und Schultheiß gibt's schon lange nur noch im Westen. Der Westen ist weit vor den märkischen Kiefern zu Ende.

Die halbe Stadt leuchtet mercedesfreudig in mein angedunkeltes Herz, als ich oben auf dem Europacenter nach Osten sehe. Die Mauer zieht einen lichten Graben. Dahinter ist alles dunkel. Früher stand ich im Dunkeln auf dem Fernsehturm. Einmal nach Westen sehen, gegen Eintritt, aber ganz offiziell. Der Westen leuchtete so schön lebendig bunt.

Ein paar Kilometer weiter nördlich, in Pankow, schleicht jetzt ein Posten von Spion zu Spion und reißt mit dem Lichtwurf den Gefangenen das gute Dunkel von den Augen. Morgen früh kommt die Sonne im Osten hoch und zerbricht an den Glasbausteinen, ehe sie den Bogen raushat. Ich möchte mir einfach einen dieser Westmenschen greifen und ihn umarmen, weil er nicht weiß, wie ein Vopo aussehen kann. Obwohl ich als Kind immer den „Abschnittsbevollmächtigten" bewunderte. Er hatte eine Uniform und ein Simson-Moped. Eine Mütze mit Eichenlaub und dem DDR-Emblem, ein schwarzes Koppel mit einer Pistolentasche. Immer kinderfreundlich. Er verteilte Eukalyptus-Bonbons, die scharf schmeckten. Ihr Papier war so grün wie seine Uniform. Wie sehen Polizisten im Westen eigentlich aus? Ich habe noch keinen einzigen gesehen, obwohl ich schon seit Tagen Ausschau halte.

Mensch, Tine, wir sind raus! Wir sind im Westen! Wir sind auf dem Ku'damm! Komm, lass uns den Dreck vergessen, lass uns tanzen, lass uns lachen. Aber wir sind so allein inmitten der Menschen hier, wir sind wie auf Urlaub im Westen, wir gehören nicht dazu, noch nicht! Wir haben kein Zuhause. Wir haben keinen Ort. Das ist noch viel zu ernst zum Tanzen. Uns steckt der Stacheldraht noch im Fleisch. Wir fahren zum Brandenburger Tor. Die ewige Fahne mit dem Hammer des Arbeiter- und Bauernstaates. Niemandsland. Davor das Schild: „You are leaving the American Sector". Leaving ist lebensgefährlich. Keiner käme auf den Gedanken. Alle sehen die Türme.

Die Menschen sind anders. Sie schauen anders hin. Sie reden anders. Sie sehen anders aus, sie riechen ganz anders. Wenn die nach grünem Apfel riechen, ist das unbefangen. Die denken dabei nicht an Kernseife auf Zuteilung und dieses üble Gemisch aus Schweiß und Lysol in der Luft. Das gibt es nicht im Westen. Solche Gerüche, die die Erinnerung zerfressen. Selbst, wenn du bei McDonald's aufs Klo gehst, riecht es anders. Da hat keiner auf die Brille gepinkelt, im Seifenspender ist Seife, aus dem Hahn kommt warmes Wasser und die Hände trocknest du an einem Föhn. Es gelingt mir nicht, das normal zu finden. Aber drüber reden kann ich auch nicht. Wer will so was wissen? Wer will wissen, was es bedeutet, unbeobachtet auf ein sauberes Klo zu gehen? Du verriegelst die Tür und bist mutterseelenallein. Kein Knastbruder, den du mit dem Gestank störst. Kein ewiges Auge am Spion. Und hinterher wäschst du dir die Hände mit warmem Wasser und Seife, die nicht stinkt.

Als hätte ich keine anderen Probleme – ausgerechnet das Klo in einer Würstchenbude. Aber wie ein Köter, der sein Revier absteckt, gehe ich in den ersten Wochen in jeder Kneipe aufs Klo, in der Bahn, überall. Ich will Bescheid wissen. Ich will die Tür selbst öffnen und schließen. Ich will wissen, ob auch auf den anderen Toiletten überall und immer der Wasserhahn funktioniert und genügend Handtücher und Seife da sind. Nur langsam kann ich mich damit abfinden.

In den Gaststätten gibt es richtiges Besteck. Überall, sogar bei Selbstbedienung. Ich bin anfangs versucht, so ein Edelstahlbesteck zu klauen. Warum haben die anderen diese Neigung nicht? Ich ahne, dass im Westen gar keiner auf den Gedanken käme, irgendein Einheitsgericht halb kalt mit Blechbesteck zu essen und sich hinterher vom Kellner beschimpfen zu lassen. Niemand weiß, was das ist, Suppe im Blechnapf, in der Wasser und Öl kämpfen, immer schon kalt, wenn du auf der hinteren Zelle liegst. Ich gehe mehrmals in eine Gaststätte, nur um das Gefühl auswendig zu lernen, das aufkommt, wenn man nicht platziert wird. Du darfst dich hinsetzen, wo du möchtest. Die Kellner scheinen sich zu freuen, wenn man ein Essen bestellt.

Ich auf dem Ku'damm! Ein paar BMWs im Schaufenster. Ein Cabriolet mit Ledersitzen. Nie wollte ich die sehen. Oder ich tat so. Ich erinnere mich genau an den ersten Brief, nach Wochen des Verhörs. Tines Schrift: „Nun haben andere entschieden. Jetzt gehen wir in den Westen."

Das war im Oktober, der erste Brief, das erste Lebenszeichen, wirklich ihre Schrift auf Papier. Der Vernehmer hatte auch den letzten Satz schon gelesen: Ich liebe dich. Was sucht der in unseren Briefen, in unseren Gefühlen, was stellt der sich vor, wenn er so was liest.

Angst vor dieser bunten Welt, Angst vor BMWs. Angst vor der Einsamkeit, Angst vor der Fremde. Sie türmte sich zu einer Mauer. Und ließ sich so gut als Treue kaschieren. Wir gehen nicht, wir bleiben! Dieser Angst wich die Angst vor den immer gleichen Stasi-Fressen, die Angst vor Verhaftung, ihren Verhören, den Blenden an den Fenstern und der Zeit ohne Jahreszeiten. Nein. Jetzt packte mich die Angst, hier fremd zu bleiben, nicht anzukommen, nie anzukommen. Angst davor, das Studium nicht zu schaffen, Angst, nie eine Stelle zu bekommen. Angst vor den klugen Menschen. Angst, dass Tine fremd werden könnte. Angst vor der Niederlage.

Angst vor der fressenden Zeit im Westen.

Angst vor den Leuten, die wir kannten, Angst vor ihren Wohnungen, ihren Autos, Angst vor dem eigenen Versagen. Angst vor ihrem Management, ihrer Höflichkeit, ihrem Geruch, ihren Verletzlichkeiten. Davor, in ihrem Wartesaal zu verhungern. Angst vor ihrer Angst.

Berlin, Brandenburger Tor

Wie oft bin ich hier gewesen, die Linden runter, an den Geschäften vorbei, die Menschen angeschaut. Immer wieder. Und dann bis hierher und nicht weiter. Wir versuchten irgendwas zu erkennen. Manchmal glitzerte die Siegessäule fern in der westlichen Sonne. Dazwischen die Wächter mit ihren Gewehren, oben auf der Quadriga die Ostfahne, ein paar Meter daneben auf dem Reichstag die Westfahne.

Wie oft haben wir uns vorgestellt, dass der Sommer im Westen anders ist, vollkommen anders. Obwohl nur diese paar Meter dazwischen sind.

Die Spatzen wussten es besser.

An Land

Wir fliegen nach dem ersten Wiedersehen mit Berlin zurück über den im Schnee versunkenen Osten nach Hannover. Von dort geht es ins Sauerland zu unserer Partnergemeinde. Wir genießen die Fahrt mit der Bundesbahn, alles ist sauber, die Menschen sind freundlich, keine Angst fährt mit. Wir erleben die schöne neue Welt. An den blanken Fenstern fährt die Winterlandschaft vorbei. Wie gut das tut, frei zu sein, Bäume zu sehen, Menschen, Farben, alles kommt wieder. Jeder Tag hat sein eigenes Staunen. Die Bahn ruckelt nicht wie zwischen Berlin und Greifswald, und wenn der Zug den Bahnhof verlässt, ist er pünktlich, die Bahnhofsuhren haben Sekundenzeiger.

Die Menschen im Abteil sind Bundesbürger. Immer wieder sage ich mir das, immer wieder werde ich daran erinnert. Immer wieder ist das alles wie ein Traum. Wir sind noch lange nicht angekommen.

Wenn wir erst einmal so weit sind wie die! Dass wir uns eine richtige Reisetasche in einem Geschäft voller Taschen selbst aussuchen können. Oder einen Wintermantel aus Lammfell.

Baden, so oft man will

Der Pfarrer hat eine Kindergartenwohnung für uns besorgt. Die Miete bezahlt der Stadtdirektor. Die erste richtige Wohnung für Tine und mich. Mit einem Bad, einer Küche und einem Zimmer mit Tisch, Stuhl und Bett.

Wir werden schon erwartet. Das Pfarrhaus liegt am Hang, geräumig, freundlich, perfekt gebaut. Ganz anders als die Häuser, die ich als Pfarrerssohn ständig bewohnen musste. Der Pfarrer, den wir bisher nur von seinen Besuchen im Osten kannten, hat viel für unsere Entlassung aus dem Gefängnis getan. Plötzlich wächst er zusammen mit dieser Kleinstadt, die ich nur aus der Erzählung kenne. Ich habe nie im Leben geglaubt, einmal die Stadt zu sehen, zu der dieser Pfarrer, der aus einer anderen Welt kam, gehörte ...

Seine Frau macht uns die Tür auf. Das Wohnzimmer sieht aus wie im Fernsehen. Moderne Möbel, wie neu, ein Bücherregal, viele Bilder.

Wenn ich erst mal ein Bücherregal habe und Tassen zum Kaffeetrinken und Messer und Gabel.

Als wir es nicht erwarten können, werden wir in unsere Wohnung gebracht. Mit dem Auto, einem großen Ford Granada, der auch aussieht wie neu. Wenn ich erst einmal ... Ich fange an, diesen Gedanken, der mich ständig verfolgt, zu hassen.

Die Wohnung hat Zentralheizung. Hinter dem Zimmer eine kleine Küche, mit Einbaumöbeln und einer Spüle aus Edelstahl. Dahinter ein Bad mit einer eigenen Badewanne. Vierzehn Monate habe ich nicht gebadet!

Im Zimmer sind zwei Betten, ein kleiner Schrank, ein kleiner Schreibtisch. Alles, was man zum Leben braucht. Der Pfarrer telefoniert und wenig später fährt ein Auto vor, in dem ein kleiner Fernseher ist, den wir sofort anschließen. Wir bekommen Kaffee und Filtertüten gebracht. Geschirr ist vollständig in den Küchenschränken, Besteck aus Edelstahl, und der Kühlschrank ist voll.

Der Pfarrer verabschiedet sich. Morgen früh holt er uns ab, will mit uns zu den Behörden fahren.

Mensch, Tine, die erste eigene Wohnung, eine Tür, eine

eigene Tür, die wir auf- und zumachen können. Betten, richtige Betten, nur für uns allein. Ein Bad, eine Küche, so schön hatten wir es noch nie vorher. Wir sind im Westen. Wir wohnen hier, morgen früh wachen wir auf und haben einen Ort, haben eine Adresse, Kiefernweg, 5990 Altena. Wenn unsere ersten Karten die Grenze passieren, werden sie ein „D" vor der Postleitzahl haben. „D" wie Deutschland. Nicht DDR, nie mehr DDR, nie mehr Ostdeutschland.

Tine duftet mitten im Winter nach Frühling. Jeden Tag kann sie nach Frühling riechen. Niemand zwingt sie mehr, nach ihren Feinden zu stinken oder nach dem Schweiß der Verhandlung oder dem Schweiß von drei Schichten Akkord. Oder dem Schweiß von sieben fremden Frauen in einer Zweier-Zelle. Ich habe Papier und Stift in der Schreibtischschublade gefunden. Ich setze mich hin und schreibe den ersten Brief. Morgen soll ich eine Schreibmaschine bekommen, dann kann ich meine Gedichte aus meinem Gedächtnis aufs Papier lassen.

Tine badet, während ich Zeile für Zeile mit dem Kugelschreiber fülle.

Niemand verbietet ihr zu baden. Sie kann baden, so lange und so oft sie will. Das muss man sich einmal klarmachen, was das bedeutet, dass man baden darf, solange und so oft man will.

Ich kenne Leute, die noch nie in ihrem Leben baden konnten, so lange und so oft sie wollten. Und das waren eine ganze Menge.

Schule

Der Pfarrer nimmt uns mit in die Schule. Einer vierten Klasse, in der er Religion erteilt, sollen wir erzählen, wie es uns in unserer Schule erging.

Wir erzählen, dass Kinder schon früh lernen müssen, immer das zu sagen, was verlangt wird, auch wenn sie das Gegenteil denken. Dass ihnen Vorurteile beigebracht werden, die sie nicht prüfen können, etwa über den Westen, den sie noch nie gesehen haben. Dass ihnen vorgegeben wird, wer ihre Feinde und wer ihre Freunde sein dürfen. Ein Kind fragt nachdenklich, weshalb sich die Menschen zwingen lassen, etwas zu sagen, was sie nicht denken. Diese Frage ist mehr wert als alles, was an dieser Schule noch gelernt werden kann.

Tulpe im Schneematsch

Ich bin vierundzwanzig Jahre alt. Vierundzwanzig DDR-Jahre, davon sind die letzten vierzehn Monate doppelt zu rechnen, denn die habe ich in verschiedenen Gefängnissen verbracht.

Jetzt lerne ich gerade, was Schneematsch ist. Und ein Baum oder ein Kind. Ich lerne gerade eine Frau kennen, mit der ich verlobt war im Osten, in der anderen Zeit, in der Zeit vor dem Seelenmord, vor dem Zuchthaus. Diese Frau ist fremd. Wenn sie lacht, wenn sie raucht, wenn sie redet. Sie hat eine wunderbare Stimme und kann Worte formen, die mich umarmen, trösten, rasend machen, in Wut bringen und lammfromm werden lassen. Wie gesagt, ich lerne diese Frau gerade kennen, denn sie hat die letzten zwei Jahre auch in Zuchthäusern verbracht.

Ein paar Stunden vor mir hatten sie sie abgeholt, mitten aus dem anderen Leben in der anderen Zeit. Sie war gerade aus irgendeinem bunten Traum aufgewacht und musste zur M/L-Vorlesung. Aus dem Traum in M/L, das ist ein Gegensatz wie Tag und Nacht, denn diese Marxismus-Leninismus-Vorlesungen waren darauf angelegt, Träume zu zerstören. Bunte Träume vom Leben in einem grauen Land, das war gefährlich, so gefährlich, dass man sie niemandem erzählen durfte. Als ich sie vor fast zwei Jahren das letzte Mal sah, sah sie mich, der ich nicht zur M/L-Vorlesung musste. Und allein diese Ungerechtigkeit reichte, um ihr den Tag zu verderben. Lustlos und schlecht gelaunt machte sie sich auf den Weg, mit der Aussicht, dass ihre Hoffnungen nun vier Stunden lang erniedrigt und beleidigt würden. Durch einen Dummkopf, der Professor geworden war, weil er gar nicht begreifen konnte, was denn an seinen Äußerungen das Leben beleidigte. Grausam ist, dass sie sie erst nach der M/L-Vorlesung verhafteten. Ein Punkt, über den sie sich heute noch ärgert.

Sie ist einundzwanzig Ostjahre alt und auch bei ihr rechnen die letzten vierzehn Monate doppelt. Und nun sind wir in einer Kleinstadt im Westen. Die Stadt hier hat auch eine Gefängniszelle in der Polizeistation, zum Ausnüchtern, richtig mit Pritsche und mit einem Spion, durch den wir beide einmal hindurchschauen, um zu sehen, wie man eigentlich im Gefängnis aussieht. Man sieht sich ja selber nicht, riecht sich selber nicht, hört sich selbst nur fremd, eine unglaublich gefährliche Blindheit.

Diese Stadt hat um die Polizeistation herum drei Kirchen, vier Berge, zwei Supermärkte und viele kleine weihnachtlich glitzernde Geschäfte, mit vielen kleinen weihnachtlich glitzernden Auslagen, von denen mir neunzig Prozent neu sind. In einem Blumenladen kaufe ich eine Tulpe. Mitten im Winter eine Tulpe, weil ich nicht glauben kann, dass diese Tulpe im Dezember in einer Kleinstadt im Sauerland echt sein kann. Schöner als Salomonis Seide. Feuergelb. Ich nehme sie auseinander, Blatt für Blatt bis auf den Stempel. Um zu lernen, was eigentlich eine Tulpe ist. Tulpenblätter im Schneematsch. Eine ganze Westmark, macht vier Ostmark. Dafür hätte ich fast fünfzig Ostzigaretten bekommen, Marke Karo. Diese Art Lehrgeld tut mir weh, denn ich neige nicht zu besonderem Lerneifer, noch dazu, wenn er etwas kostet. Ich bekomme auf einmal Heimweh, weil ich in vierundzwanzig Jahren nicht lernen musste, was Tulpenblätter kurz vor Weihnachten im Schneematsch einer Kleinstadt im Sauerland bedeuten könnten.

Zarte Blumen

Die Tulpen im Winter lassen mich an meine sommerliche Heine-Lektüre im Haftkrankenhaus Hohenschönhausen denken. Ich hatte ja monatelang keine einzige Blume gesehen.

Nach Meinung des Dichters Heinrich Heine fängt das eigentliche Hochdeutsch nicht mit der Bibelübersetzung, sondern mit den Liedern Martin Luthers an. Heine weiß, was er sagt. Folgt man seiner Spur, dann beginnt unsere Sprache mit einem hochpolitischen Text – ausgerechnet über Blumen. Luther schrieb sein erstes Lied, als er erfuhr, dass zwei seiner Weggefährten, Hinrich Vos und Johannes van den Eschen, am 1. Juli 1523 wegen ihres Bekenntnisses zur Reformation in Brüssel öffentlich verbrannt worden waren. „Ein neues Lied wir heben an", schreibt Luther, um der eigenen Sprachlosigkeit und dem Entsetzen angesichts des Geschehens zu entkommen. Er schreibt sich Wort für Wort und Vers für Vers aus der Verzweiflung zurück in die Furchtlosigkeit des Glaubens. Das klingt dann so:

> „Der Sommer ist hart vor der Tür.
> Der Winter ist vergangen.
> Die zarten Blumen gehn herfür.
> Der das hat angefangen,
> der wird es wohl vollenden."

Erst beim zweiten Lesen wird deutlich, welcher Zündstoff in den „zarten Blumen" verborgen ist: Nichts wird so bleiben, wie es ist. Die Angst behält nicht das letzte Wort in der Geschichte.

Dieser trotzige Ton macht nicht nur in den Liedern Luthers die Musik. Er steckt in allen guten Liedern. Das wusste Luther auch schon: „Furcht ist nichts anderes als ein Anheben der Verzweiflung, wie Hoffnung nichts anderes ist als ein Anheben der Heilung."

Die Amsel weiß nichts

Immer wieder aufwachen und immer noch im Westen sein! In unserer ersten eigenen Wohnung. In einer Westwohnung. Und wenn du aus dem Fenster schaust, ist auch alles Westen. So weit der Blick reicht. Westhäuser, Westbäume, Westmenschen, Westautos. Bisher gab es das alles nur einzeln. Aber wenn du jetzt einen Krimi im Fernsehen anmachst, dann spielt der wirklich hier. Du kannst mitten im Film auf die Straße gehen, und es sieht wirklich so aus wie im Fernsehen. Da fahren die gleichen Autos durch die Straße, die durch den „Tatort" fahren. Und wenn das Ganze dann in Bunt zu sehen ist, kannst du es nicht glauben, dass das dein Krimi ist, in dem du mitspielst. Ich fasse es nicht. Alles ist wirklich so, wie es ist.

Manchmal freilich verfolgen mich die Wächter von gestern, die Spitzel, die Polizei oder die alten Weiber aus dem Gerichtsverfahren. Oberstaatsanwältin Jahnke und Richter Glück. Oder die Hand des Anwalts Hartmann über den Tisch, mit dem Siegelring, der teuren Uhr, und hinterher, auf der Zelle, roch meine Hand noch nach seinem Parfüm. Westparfüm und kein Interesse an unserem Fall. Dafür am Kopfgeld, das der Westen für uns bezahlte. Hartmann hatte eine Digitaluhr im Kugelschreiber. So was hatte ich vorher noch nie gesehen. Das ist alles nichts Besonderes mehr. Neun Mark neunundneunzig.

Tine lächelt im Schlaf. Ich dusche, putze mir die Zähne. Die Zahnpaste bringt den frischen Atem aus der Reklame. Ich ziehe mir meine neuen Sachen an. Alles West. Eine Jeans, stonewashed, weiße Turnschuhe, wie die Grünen im Bundestag, mein bunt kariertes Hemd. Einer hat mir ein Tuch geschenkt, von dem ich erst später weiß, dass es ein Palästinensertuch ist. Obwohl ich nie für Tücher war, die man sich auf die Schulter legt. Aber ich bin woanders. Hier gehört so ein Tuch dazu. Schöne Farben.

Ich koche einen Kaffee, wie die glücklichen Hausfrauen in der bunten Fernsehwelt. Ich gehe zum Bäcker. Auf einem Bürgersteig, in dem kein einziger Verbundstein fehlt. Beim Gehen brauche ich nicht unentwegt auf den Weg zu achten. Keine Unebenheit. Kein Hundehaufen. Glatt und perfekt. Dass Autos leise sein können und nicht stinken, ist eine überraschende Erfahrung. Der Sprit riecht sogar gut. Autos sind wie ein Bild für das Leben im Westen. Bewegt, geräuschlos und unnahbar.

Frische Brötchen. Der ganze Laden riecht nach frisch gemahlenem Bohnenkaffee. Die Verkäuferin ist freundlich. Sie wechselt meinen Hundertmarkschein, als sei es ganz normal, dass ich einen Hundertmarkschein habe, und bedankt sich. Im Osten hat sich nie jemand bedankt, wenn man etwas kaufte. Eher, wenn man nichts kaufte.

Leute, die in meine Buchhandlung kamen, wollte ich möglichst schnell loswerden, weil sie mich beim Lesen störten. Es wäre besser gewesen, sie wären nicht gekommen. Denn ich sagte unwirsch: „Ham wir nich!“, und schaute sie so lange unmissverständlich an, bis sie den Laden verließen. Wir hatten eben nich. Und fünfzig Mal am Tag daran erinnert zu werden, ist weder erfreulich noch ein Grund, das Lesen zu unterbrechen. Diejenigen aber, die das kauften, was wir im Sortiment hatten, waren entweder Analphabeten oder staatstragend. Da man genauso schlecht verdiente, ganz gleich, ob Leute kamen oder ausblieben, war die letzte Variante die bessere.

Wie gut die Menschen aussehen im Westen. Wenn man sie fragt, wie es geht, antworten sie lächelnd: Gut! Alle sind anders. Einer, der nicht so aussieht, als kaufe er eine Bildzeitung, kauft eine Bildzeitung. Hier machen viele alles ganz anders, als sie aussehen. Manche tun auch nur so, als machten sie alles anders, als sie aussehen.

Tine ist jetzt eine Westfrau. Sie ist wie die Frauen hier. Das Leben ist leicht, unerträglich leicht. Ich frage mich, wie lange das gut gehen kann. Wir haben nichts für all das getan, was wir verbrauchen. Keinen Handschlag Arbeit. Ich esse mein Brot nicht im Schweiße meines Angesichts, sondern im Schweiße des Angesichts anderer.

Tine wacht auf im schönen Morgenlicht. Sie hat mir versprochen, keine schlechte Laune mehr zu haben, wenn sie aufwacht. Alles soll anders sein im Westen.

Unter dem Dach in Greifswald hatten wir fünf Teller,

die nicht zusammenpassten. Ein paar angeschlagene Tassen. Ein paar Garnituren Unterwäsche. Einen Tauchsieder, eine elektrische Kochplatte, die wir manchmal zum Heizen missbrauchten, wenn die Briketts nicht mehr reichten. Eine Schüssel zum Abwaschen. Kein warmes Wasser. Keine Dusche. Keinen Fernseher. Keine Waschmaschine. Keine Freiheit und immer zu wenig Kaffee. Aber Leute, die plötzlich da waren. Die den Mangel teilten. Die Angst und die Feigheit. Die uns Bücher brachten, die mit der Maschine abgeschrieben waren, und Tonbänder, in deren Vordergrund das Leben rauschte: die fünfte Kopie von der Kopie der Kopie.

All das ist hier fremd und unverständlich. Fast alle Menschen, die so alt sind wie wir, haben uns vieles voraus. Einen Führerschein. Einen Bausparvertrag. Ein Auto. Eine eingerichtete Wohnung. Einen Studienplatz. Eine Arbeit. Eine Wurzel. Wir sind Fremdlinge im eigenen Land und machen auf Einwohner. Den Westen muss man erlernen. Das Leben ist belagert von anderen Ängsten, anderen Gewohnheiten, anderen Wahrheiten und anderen Lebenslügen. Seine Art, zu leuchten oder dunkel zu sein, ist fremd. Wir kommen aus anderen Kontrasten. Was uns Licht und Schatten war, erscheint in diesen Verhältnissen diffus. Vieles, was Sinn machte, ist hier vollkommen sinnlos. Wie kurz weite Wege sein können! Oder wie weit kurze Wege.

Alle haben ein Telefon. Das ist wichtiger als eine Adresse. Wir haben es schon erlebt, dass einer eine halbe Stunde mit einem Menschen telefonierte, der nebenan wohnte. Manchmal fühlen wir uns zu Hause. Etwa:

Wenn der Postbote kommt, leuchtet sein Auto gelb. Das war schon immer so.

Auf dem Baum vor unserem Fenster singt morgens eine Amsel. Die Amsel weiß gar nicht, dass sie im Westen singt. Wie die Menschen hier auch ständig vergessen, dass sie im Westen sind. Das ist das Schlimme.

Tine, bunt

Sie sieht aus wie die Frauen, die mit einer ganzen Welt im Gepäck morgens um neun an der Friedrichstraße den Stacheldraht hinter sich ließen. Fremde Wesen, die anders redeten und anders rochen, die anders lachten und andere Gesichter hatten, die selbst auf dem bunten Lichtbild in ihrem grünen Pass lebendiger aussahen als die meisten der emanzipierten Ostfrauen, die morgens um sechs in der Straßenbahn mit grauen Gesichtern und grauen Herzen erst zur Kinderkrippe und dann zu Bergmann Borsig fuhren. Aber diese Elfen mit Tagesvisum hatten einen entscheidenden Nachteil: Sie lebten nur bis Mitternacht und verschwanden dann wieder im Licht auf dem anderen Stern.

Sie hat jetzt auch einen Pass mit buntem Lichtbild. Bald wird sie reden wie sie, bald wird sie lächeln wie sie.

Aber ich will keine Westfrau. Ich will Tine wiederhaben. Noch einmal ankommen wie damals in Greifswald, nach einer Zugfahrt im Stehen. Mit Verspätung am Sonntagabend. In der Studentenbude mit den Eisblumen am Dachfenster. Mit klappernden Zähnen noch schnell den Kanonenofen anheizen mit Braunkohle und Dreck. Und dann unters Federbett kriechen und warten, bis es warm wird.

Das ist meine Tine! Mit ihrer abgenähten Jeanshose aus dem Intershop und dem immer gleichen geerbten Kaschmir-Pullover. Mit ihrem Rucksack voll Schwarzbrot vom Bäcker aus Berlin, das bis Mittwoch reichte, Salamischeiben dazu. Einem Viertelpfund Kaffee, das bis Freitag reichen musste. Ich will meine Tine, die morgens schlecht gelaunt am Frühstückstisch saß und über ihre Kommilitoninnen schimpfte: die Parteikandidatinnen, die FDJ-Kader und M/L-Pauker. Diese sozialistischen Biedermädchen hatten das Leben schon hinter sich, ehe es begonnen hatte. Von Montag bis Freitag hockten sie brav im Hörsaal. Der Donnerstagvormittag gehörte dem Klassenstandpunkt. Marxismus/Leninismus und Üben – Kritik und Selbstkritik. Am Samstag dann das donnernde Leben. Um 17.00 Uhr saßen sie in Kittelschürze und mit Lockenwicklern auf ihren Betten und lackierten sich die Fingernägel. In Gruppen gingen sie um sieben zur Disco in die Mensa und standen bis acht nach Karten an. Sonntags duschten sie sich dann die Erinnerung aus der Seele, um am Montag wieder im gebügelten FDJ-Hemd die Moral des neuen Menschen einzuüben.

Jeden Montag überlegte sie schon morgens, ob sie sich exmatrikulieren sollte. Dann könnte sie liegen bleiben und warten, bis die Sonne im Dachfenster alles Grau aus dem Zimmer jagt.

Aber das ist vorbei. Jetzt kann sie ausschlafen im Westbett, bis die Sonne unter die Haut geht. Sie riecht jetzt immer nach Westseife. Die Frauen, die damals dabeistanden, als sie auf offener Straße sie in ein Auto zerrten, an einem Donnerstag, nach vier Stunden Marxismus/Leninismus, riechen weiterhin nach Kernseife. Sie sitzen noch immer im Seminar. Nach dem Mittag stehen sie noch immer in der Mensa Schlange am Spülstein, um mit kaltem Wasser die Essensreste vom mitgebrachten Blechbesteck zu waschen. Und sonntagmorgens nach der Disco kriegen sie die Hornhaut nicht von der Seele.

Westfrauen sind anders. Ich kenne sie aus dem Fernsehen. Strahlend kochen sie frischen Kaffee und verteilen mit einem Hauch Glückseligkeit frische Frühstücksmargarine auf goldgelben Brötchenhälften. Ihre Küchen sind voll Sonnenschein.

Meine Tine wird keine Westfrau. Sie hat Schrammen an der Seele. Und eine Haut, die noch weiß ist von zu wenig Sonne. Und Ränder unter den Augen von zu vielen Nachtschichten, in denen sie Bettwäsche für Westmenschen nähte. Sie ist anders. Besonders deutlich wird das, wenn sie bei Quelle oder Neckermann vor den Sonderangeboten steht. Dann sortiert sie heimlich die gemusterten Bettbezüge nach Frühschicht und Spätschicht. Die Nähmaschinen rattern bis zum Schichtwechsel. Danach stehen acht Frauen aufgereiht am Spülstein in der Zelle und waschen sich mit kaltem Wasser die Nachtschicht aus den Augen.

Ich möchte nicht, dass sie davon träumt.

Ich schließe die Augen und sehe sie auf dem Bahnhof in Karl-Marx-Stadt, bewacht von zwei uniformierten Frauen, eine mit Knüppel, eine mit Knarre. Dazu ein

Wächter mit Kalaschnikow und Schäferhund. Ihr Handgelenk steckt in der einen Hälfte einer Handschelle, in der anderen das Handgelenk einer anderen Frau. So aneinandergekettet werden sie über den Bahnhof an den wartenden Leuten vorbeigetrieben, immer unter der Mittagssonne. Wie gemeingefährliche Verbrecher. Niemand hat sie je gesehen. Die Leute schauen reflexartig weg, als sie nach Blicken sucht. Scham und Angst.

Auf diesem Transport am helllichten Tag über den Bahnhof hat sie viel über die Angst gelernt. So eine wird nie eine Westfrau.

Was hat ihr Mut gemacht? Was hat sie gelernt? Was hat sie getröstet, wenn sie aus dem Besucherraum wieder in die Zelle geschlossen wurde? Als sie ihre Eltern zurückließ, die eine Weltreise im Wartburg von Berlin nach Hoheneck unternehmen mussten, um sie eine halbe Stunde zu sehen. Die sich die Herzen verbrannten, als sie zurück mussten in die graue, schmutzige, zerbrochene Straße.

Ohne ein einziges Wort der Klärung, nach einem Gespräch über Bäume und das Wetter. Kein Wort über den Fall, kein Wort über Dritte, hatte die Aufseherin bei der Ankunft gesagt.

Ich will meine Tine wiederhaben, jenseits dieser gemordeten Zeit. Ich will sie heil und mit unbeschädigter Sehnsucht! Ich will sie so, wie sie wegging, die Bettdecke war noch warm, als sie ging und 430 Tage nicht wiederkam. Ich will wieder auf sie warten, wie ich immer wartete in der Nachmittagssonne. Ich will den Schritt hören, ihren Schritt von damals. Nur sie kam so die Treppe hoch. Nur sie kam so in die Tür.

Wenn ich sie abends in Pankow nach Hause gebracht hatte, unsere dunkle Straße hoch, wartete ich unter ihrem Balkon, bis das Licht in ihrem Fenster anging. Dann öffnete sich über mir die Tür und sie kam aus dem Licht in den Duft der alten Linden.

Nun hat sie mitten im Lebenslauf einen Abgrund. Ich will meine Tine wiederhaben, die mich jeden Sonntagabend zum Fernzug brachte und dann in der S-Bahn zurückfuhr. Nie kann es mehr so sein wie auf dem Fernbahnhof in Bernau. Befristete Umarmung. Jede Minute Verspätung war ein Geschenk.

Sie arbeitete damals in einer Zahnarztpraxis. Wenn sie von den Instrumenten aufschaute, sah sie durchs Fenster die Blüten der Kastanien und direkt dahinter die Glasbausteine vor dem Fenster der Zelle, in der sie dann zehn Monate lang im ausgebeulten Trainingsanzug und Filzlatschen auf die Verhöre wartete.

Ihr Chef hatte ein Parteiabzeichen unter dem Kittel.

Was wir jetzt haben, ist eine Einzimmerwohnung.

Geborgte Möbel, geborgtes Bettzeug geborgtes Besteck, geborgte Heiterkeit. Das erste eigene Geschirr. Ein Sonderangebot von Eduscho. Dunkelblaue Tassen im Partnerlook. Mitten beim Kaffeetrinken wird es dunkel. Das ist ja das Preußischblau das Wachpersonals! Einer mit Tellerminenmütze lässt die Eisentüren ins Schloss fallen. Regel krachen. Es muss ein Irrtum sein. Sie dürfen uns gar nicht festnehmen hier im Westen. Tines Umarmung holt mich ins Leben zurück. Ich lerne das Blau ihrer Augen auswendig. Blau gegen Blau. Fast hätte die Uniform gesiegt.

Märkische Kiefer

Ich gehe durch den Mischwald im Sauerland und ertappe mich dabei, eine märkische Kiefer zu suchen. Ich schiebe den Gedanken weg. Wald ist Wald und Baum ist Baum. Westbaum und Ostbaum, das ist kein Unterschied. Aber auch der Boden war anders, das Gras und das Moos und die Pfützen. Das Licht, der Geruch, die Stille. Alles war anders. Aber wie komme ich darauf?

Ich darf jetzt die ganze Welt besuchen, kann mich noch heute in ein Auto setzen und über die Alpen fahren, nach Italien. Dort kann ich Olivenbäume sehen. Oder nach Israel. Orangenblüte in Jaffa oder Bananen direkt vom Baum. Wohin ich will. Neue Menschen treffen, andere Probleme haben. Nicht die, auf keinen Fall die, die ich ein halbes Leben lang in der DDR gehabt habe. Endlich andere Probleme. Aber diese Selbstbeschwichtigungsversuche helfen nichts. Ich suche eine märkische Kiefer in diesem Wald, wohl wissend, dass ich niemals eine finden werde.

Mit den Menschen ist es nicht viel anders. Ich freue mich, wenn jemand im breiten Westfälisch grüßt. Und denke: „Gott sei Dank kein Berliner, der sächsisch spricht!" Aber bei der alten Frau im Tante-Emma-Laden an der Ecke oder dem Mann mit dem Klingelbeutel an der Kirchentür freue ich mich noch mehr, wenn ich eine Spur Erzgebirgisch oder Thüringisch heraushöre. Dabei weiß ich, dass diese Menschen unter Thüringen etwas ganz anderes verstehen als ich. Was mir als Hochwald in die Erinnerung wächst, haben sie gepflanzt.

Wir zwinkern uns zu und tun einen Augenblick lang, als verstünden wir uns in der Tiefe unserer Seele. Ob diese Menschen noch suchen, was ich suche? Wie lange wird es dauern, dieses Fremdsein, dieser Versuch, alles von außen zu sehen, dieses Land, dieses Leben? Es hat nicht nur Nachteile, nicht ganz dazuzugehören. Vieles bleibt einem erspart.

Schnell lässt die Bereitschaft der Leute nach, uns unermüdlich das Leben zu erklären. In vieler Hinsicht ist das eine Erleichterung. Es macht keinen Spaß, zum zwanzigsten Mal staunend vor einem Berg Apfelsinen stehen zu bleiben und dankbar zu betonen, dass man sich freut, nie mehr nach so was Schlange stehen zu müssen. Oder immer wieder die Frage zu beantworten, ob man nun glücklich ist, hier zu sein. Meist sage ich, dass ich noch glücklicher sei, dort weg zu sein, und habe die Leute mit dieser Antwort schon halb beleidigt. Diese Entgegnung ist, wie ich schnell merke, ein Politikum, das seltsame Koalitionen auftut: Sie beleidigt alle Lager. Die Linken, weil sie den Osten immer noch für ihre heimliche Hoffnung halten, die Rechten, weil ich ihr Wirtschaftswunder nicht für ein uneingeschränktes Paradies halte.

Mit der Zeit wachsen die Empfindlichkeiten. Als unsere erste Reise nach Paris geht, auf Einladung von Amnesty International und natürlich auch auf deren Kosten, gedeiht traurige Missgunst. Bei unserer Rückkehr gibt es viele, die uns darauf aufmerksam machen, dass sie noch nie in Paris gewesen seien und es sich auch nicht leisten könnten, vier Wochen lang dorthin zu reisen. Man legt es uns als Undank aus, dass wir die „Steuergelder" auf diese Weise verplempern. Natürlich sind wir gekränkt, weil wir nicht erklären können, weshalb es uns wichtiger ist, unser Fernweh zu stillen, als uns bessere Kleidung zu kaufen und zu Haus zu bleiben.

Einer der Nachbarn fordert daraufhin Spritgeld. Damit wir die Preise lernen. Er hat uns mehrfach mit seinem Wagen in die Stadt gefahren. Wir brauchen lange, um die Tiefe solcher Verletzungen bei den Leuten zu verstehen. Und unser geprellter Chauffeur wird unser zartes Lob für sein Auto erst einordnen können, wenn er einmal auf Oststraßen in einem Ostauto von Thüringen an die Ostsee gefahren ist. Ein einziges Mal in dieser dämlich demütigen Haltung, die einem nur das Sitzen im Trabi beschert. Dann wird er unsere verblödete Freude an einer Fahrt im Käfer durchs Sauerland begreifen. Sonst nicht. Ohne solche Erfahrung müssen sich die gelernten Westler durch unser Verhalten, unser Anderssein, unsere vermeintliche Maßlosigkeit infrage gestellt oder beleidigt fühlen.

Ich spüre zum ersten Mal, dass es zwischen uns und den Menschen, die uns so freundlich aufnahmen, eine Barriere gibt. Sie ist härter und unüberwindlicher als die Mauer. Und nicht abzureißen, weil sie nicht aus klarem Beton, sondern viel haltbarer aus den Lügen unserer zerrissenen Geschichte gemacht ist. Wir können sie weder erfassen noch aufheben. Wir müssen lernen, mit ihr zu leben.

Wie sollen wir erklären, dass wir solche Reisen nötiger haben als einen Führerschein, nachdem wir über zwanzig Jahre lang nichts gesehen und erlebt haben als das Erziehungsheim DDR und ein paar sowjetische Satelliten? Und was nützt eine solche Erklärung, wenn ein westliches Erziehungsheim vergleichsweise ein Erholungsheim ist, sofern man es der gleichnamigen Einrichtung in der DDR gegenüberstellt? Auch ohne die sprichwörtliche Blindheit, die solchen Vergleichen anhaftet.

Wir müssen unsere Vorurteile loswerden und unsere Wunden, unsere Fragen und unsere Zweifel. Unsere verarmte Sprache und unsere verordnete Sprachlosigkeit. Wir müssen mühsam unsere Füße auf den Boden bekommen. Auf eine Erde, die uns wieder trägt. Uns und vielleicht Luthers Apfelbäumchen, eine der wenigen Pflanzen, die „systemübergreifend" trotzige Hoffnung tragen.

Auch diese: dass ich irgendwann im Sauerland eine märkische Kiefer pflanzen werde.

Mensch, Tine, ob wir das schaffen?

Hast du gemerkt, das Licht ist anders hier. Alles. Die Menschen sind schön. Schön in dieser leichten, neuen Welt.

Kein Gedanke mehr daran, ob dir dauernd einer hinterhergräbt, deinen innersten Gedanken auflauert, dir auf der Seele liegt. Keiner, der dich ins Gefängnis befördern kann, für deinen nächsten Gedanken. Nur, wenn wir im Osten anrufen, schalten wir innerlich um. Denn wir wissen, dass sie mithören und mitschreiben, wenn einer aus dem Westen anruft. Dann liegen sie auf der Lauer nach verbotener Wahrheit, da wollen sie wissen, was der andere sagt. Beim Telefonieren haben wir die alte Angst, dass sie denen auf der anderen Seite der Leitung das Wort im Munde umdrehen, sie packen und in die Hölle schicken.

Ob wir das schaffen, so zu werden wie die hier, so wohlgesonnen, so freundlich, so zu Hause? Ich war im Supermarkt, habe die Preise verglichen, habe sie wieder vergessen. Den Heimweg bin ich gelaufen, der Bus war mir zu teuer, einsfünfzig, nur für einmal Fahren. Dann lieber zu Fuß! Immerzu überholten mich Autos, die neuen Autos mit den jungen Gesichtern. Im Osten waren es immer alte Autos mit alten Gesichtern. Was ist das für eine Welt!

Wer kauft bloß die vielen Schuhe? Immer wieder sehe ich Berge von Schuhen und frage mich, wer die braucht. Ich habe ein Paar Schuhe, echte Salamander, naturfarbenes Leder, im Exquisit gekauft, noch im Osten, ich habe darauf geachtet, dass sie durchgenäht waren, die kosteten das Geld für einen Monat Kartoffeln stoppeln, im Herbst in Greifswald. Auf der Kartoffelkombine stand ein Professor für Neues Testament. Die Intellektuellen mussten auch ran.

Jetzt ist das alles vorbei. Ich bin jetzt woanders, ich bin jetzt einer von ihnen. Von denen, die an der Bornholmer Straße aus dem Westen reinkamen, aus dieser leuchtenden Fremde. Die mit den schicken Autos, dem grünen Pass, die wieder rausdurften ins Licht.

Nein, ich bin keiner von ihnen. Ich rieche jetzt nach ihrer Seife, aber an der Bornholmer Straße ist Schluss für mich. Einreiseverbot. In den Osten kann ich nie mehr zurück. Ob ich es dennoch versuche? Glücklich entronnen und nun wieder in das graue Grauen? Nie im Leben. Aber ob wir das schaffen?

Bei Plaza gab es Jeans für vierzig Mark. Echte. Ich war auch im Musikladen. Gitarren über Gitarren. Ich war so verwirrt, dass ich nach der dritten keine weitere ausprobierte. Für 200 Mark, das wäre schon annehmbar. Aber das wären 800 Ostmark, dafür war sie zu teuer.

Immer nur einen Laden pro Tag, mehr hält man nicht aus. Bei Tabak für vier Mark fünfzig kann ich nicht so viel falsch machen.

Wir haben einen Packen Kleidung bekommen, vom Besten, wie der großzügige Geber sagt, alles kaum getragen.

Als wir auspacken, sind wir wütend: ein Plisseerock aus den Sechzigerjahren für Tine, dazu zwei Unterröcke mit Spitze. Für mich Anzüge aus dieser Zeit, ein Mantel mit silbernen Knöpfen und ein paar Nylonhemden. Krawatten und eine Wanderhose bis zum Knie. Was denken die Leute von uns? Dann dieses bedauernde Schulterklopfen: Armer Bruder, ich weiß ja, dass es im Osten nicht mal Zucker und Mehl gab, kein Klopapier, Butter auf Zuteilung und Brot nur mit Schlangestehen. Warum erzählte er mir das? War es denn nicht schlimm genug? Trotz Zucker, Mehl und Brot …

Ich ärgerte mich und sagte, dass ich kein Hungerödem habe. Daraufhin zog der „Bruder" beleidigt ab. Und ich war wütend, dass er mich in die Lage gebracht hatte, die DDR zu verteidigen. Immerhin hatten sie uns vierzehn

Monate in den innersten Kreis der Hölle verfrachtet. Aber dass es kein Mehl gegeben haben soll, das konnte ich so nicht stehenlassen. Es zeigte mir, wie wenig diesen Mann mein Leben interessierte. Er wollte mir die Welt erklären, aus der ich kam, vor allem wollte er, dass sie so blieb. Ich war ein lebendiger Angriff auf seine Vorurteile.

In der Nacht schlief ich schlecht. Was nützte die Gedankenfreiheit, wenn sich die Leute keine Gedanken machten?

Mensch, Tine, ob wir das schaffen, nicht so zu werden?

Ich nehme eine Gabel aus der Küchenschublade und sehe sie mir an. Das mit dem Blechlöffel und dem Blechnapf, das mit dem Messer aus Plastik, dem sie die Säge abgeschliffen hatten, das mit dem Kampf von Wasser und Öl in der Graupensuppe, das ist jetzt vorbei. Eine Gabel aus Edelstahl ist der Anfang der Freiheit.

Ich ertappe mich dabei, dass ich dauernd die Tür auf- und zumache. Wann ich will. Und plötzlich fällt mir auf, dass niemand mir verbietet, aus dem Fenster zu sehen. Nachts bleibt der Lichtwurf aus. Ich gehe aufs Klo, ohne beobachtet zu werden. Aber alles ist ganz anders. Schon das erste Bier war ganz anders als das letzte.

Jeden Tag sehe ich Dinge, die ich nie vorher gesehen habe. Ein Kopiergerät zum Beispiel. Wenn wir nur ein paar gehabt hätten, gäbe es die DDR nicht mehr: Hier konnte ja jeder an jeder Straßenecke die eigenen Gedanken vervielfältigen. Wenn A. ein Kopiergerät gehabt hätte: Unvorstellbar! Nicht jedes Buch abtippen, Seite für Seite, Satz für Satz, Wort für Wort. Ich habe jetzt zehn

Haftentlassungsscheine. Jeder hat fünfzehn Pfennig gekostet.

Nur einer vierzehn Monate.

Westwurst

Ich habe eben die erste Bratwurst gegessen. Draußen am Stand. Verstohlen und heimlich wollte ich wissen, was es heißt, bei minus fünf Grad etwas Heißes zu essen. Nichts Besonderes, aber ich hatte es völlig vergessen. Außerdem war ich es leid, immer an dem Bratwurststand vorbeizugehen, ohne mich erinnern zu können, wie eine Bratwurst überhaupt schmeckt. Früher fuhren wir für zwanzig Ostpfennig zur Ecke Dimitroff / Schönhauser, dort gab es die besten Bratwürste in ganz Berlin. Für eine Mark. Das Brot schmeckte nach Konservierungsstoffen, aber man war ja nicht gekommen, um Brot zu essen.

Als sie mich nach zehn Monaten im verdunkelten Barkas durch Berlin karrten, erschrak ich, wie wenig Zeit man braucht, um zu vergessen, wie eine Bratwurst riecht. In einem der Verschläge des Lieferwagens spürte ich jedes Schlagloch. Ich hockte eingeklemmt auf meinem Brett, die Holztür an den Knien, die Schultern hochgezogen, die Gelenke in Handschellen, ohne eine Spur von Licht. Das Fahrzeug hielt an einer Kreuzung. In meine Nase zog dieser liebliche Geruch, den es nur einmal in Berlin gab. Sekunden später quietschte die Straßenbahn. Kurz hinter dem Bratwurststand unter dem Bogen, der die U-Bahn zur Hochbahn werden lässt, biegt die Sechsundvierzig in die Kastanienallee ein. Die Bratwurstwolke und das Quietschen der Straßenbahn in der Kurve ergaben eine sichere Ortsangabe. Später vor Gericht in der Littenstraße war es mir peinlich, dass mir ständig der Magen knurrte. Obwohl es um Jahre meines Lebens ging, dachte ich dauernd an eine Bratwurst.

Nun ging es mir umgekehrt. Immer wenn ich an diesem Stand mit der Westwurst für eins achtzig vorbeikam, dachte ich an das dunkle Auto, das Gericht, meinen leeren Magen und die langen Zähne von Anwalt Hartmann, die sich in der Verhandlungspause in einen Apfel gruben.

Ich aß nach über einem Jahr meine erste Bratwurst, ohne besonders aufzufallen. Das gelang mir nur, weil ich vorher beobachtet hatte, was mein Nebenmann tat. Ich entdeckte, dass uns, selbst wenn es um die Wurst geht, Welten trennten. An der schmalen Seite war der weiße Pappteller, auf dem die goldbraune Thüringer Wurst lag, perforiert. So konnte kinderleicht ein fingerbreiter Streifen abgetrennt werden. Durch diesen Streifen, mit dem man nach der Wurst griff, bekam das Essen eine manierlich distanzierte Eleganz. Ich hätte die Perforation entweder übersehen oder ihren tiefen Sinn gar nicht erfassen können, denn ein auf diese Weise durchdachter Wegwerfteller war mir im bisherigen Leben nicht begegnet. Jahrelang habe ich Wurst gegessen, ohne auf den Gedanken zu kommen, dass dabei irgendetwas nicht stimmte. Im Osten fasste ich eine Bratwurst mit bloßen Fingern an und fertig. Wem das nicht passte, der brauchte ja keine

Wurst zu essen. Zeig mir, wie du eine Wurst isst, und ich sage dir, woher du kommst.

Westfernsehen im Westen

Der Mann von der Tagesschau sieht vom Westen aus genauso aus wie im Osten. Er lächelt freundlich und erklärt mir die Welt, in der ich jetzt lebe. Die Inlandsnachrichten sind jetzt Inlandsnachrichten. Aber die Sprache ist eine andere. Ich muss sie verstehen. Die Worte sind die gleichen, die Nachrichten sind die gleichen, aber alles ist anders. Plötzlich fahren im Fernsehen die gleichen Autos wie auf der Straße. Ich kann hinausgehen und überprüfen, ob es stimmt, was der sagt. Manchmal habe ich Angst, dass der Schein trügt. Was ist nur Fassade? Was ist gestellt? Was bleibt unerklärlich? Niemand erklärt mir hier etwas. Nicht einmal den Wasserhahn erklären sie einem. Und was in meinem Kopf passiert, ist noch lange nicht in den Händen. Wenn ich den Mann im Fernsehen nicht mehr sehen will, ziehe ich den Stecker heraus.

Flucht nach Norden

Mich wundern die vielen Automaten. Ich ziehe eine Schachtel Marlboro. Noch eine. Der Automat ist unerschöpflicher als meine Neugier. Ebenso ist es mit Fahrkartenautomaten, Kaffeeautomaten, Belegte-Brötchen-Automaten, Blumenautomaten, Tankautomaten, Büchsenbierautomaten, Briefmarkenautomaten. Es gibt sogar Geldautomaten.

Alles funktioniert reibungslos. Die Aufzüge, die Rolltreppen. Türen, die von allein aufgehen. Diese Welt ist bequem.

Aber auch viele Begegnungen laufen mit der Präzision von Automaten ab. Da gibt es Rituale, Gesetze, nach denen menschliches Verhalten auf ein Gleichmaß gebracht wird. Es gibt Sprachregelungen, Muster, Bewegungsabläufe. Alles, um sich nur nicht zu nahe zu kommen.

Auf der Suche nach unserer Zukunft sehen wir uns Bochum an. Die Stadt kommt uns so dunkel und fremd entgegen, dass wir entsetzt sind. Düster, schmutzig und von ausnehmender Hässlichkeit.

Aber sie ist gleichmäßiger verteilt als im Osten. Die Stillosigkeit, der Kitsch, das Gigantentum. Selbst der Schmutz scheint gerechter zugemessen zu sein. Auch auf diesem traurigen Gebiet hat der Westen offensichtlich Möglichkeiten, von denen man im Osten nicht zu träumen wagte.

Am Straßentropf der Stadt hängt eine brutale Betonunendlichkeit: die Ruhruniversität. Die Wiese rundum scheint das Grau angenommen zu haben. Die Sonne kämpft vergeblich, auch bunte Menschen und eine Unmenge Autos vermögen nicht, dem grauen Grauen ein freundliches Gesicht abzutrotzen.

Wir gehen in einen der unzähligen Türme und suchen die Mensa. Das Innenleben (wenn es diesen Namen überhaupt verdient) gleicht einem riesigen Gefängnis. Einziger Unterschied: Überall im Betonflur sind Zettel angekleistert. Es gibt nichts, was hier nicht getauscht oder verkauft, erworben oder gewonnen werden kann. Sogar Studienplätze oder Wohnungen werden gegen Belohnung feilgeboten.

Die Mensa ist eine Betontonne. Immerhin gibt es drei Gerichte zur Wahl. Ich wähle das teuerste: Haifischflosse. Habe ich noch nie gegessen. Nur drei Mark sechzig. Auf dem grauen gefächerten Teller wohlgeschieden siegen grauer Fisch und graue Soße über das helle Gelb der Kartoffeln. Man ist schnell satt. Der Tisch ist mit Flugblättern bedeckt. Ich sehe, dass niemand sie liest. Achtlos werden sie auf einen Haufen in der Mitte des Tisches geschoben.

Der Beton wirkt wie ein Resonanzboden. Das Klappern der Bestecke mischt sich mit Stimmengewirr. Nicht einmal der Kaffee, den ich aus einem Automaten an der Wand ziehe, vermag diesen höllischen Eindruck abzuschwächen. Mich wundert, dass auch hier keiner die Edelstahl-Bestecke klaut.

Die Sprache, mit der die Studenten ihr Leben regeln, ist von fremden Begriffen durchzogen. Was ist ASTA, was BaföG, was MSB oder eine MFG? Nach längerem Hinhören passt sich dieser Wortschatz dem Beton an. Schroff, banal, künstlich, unverbindlich, unnahbar. Der

Umgang ist entsprechend. Gelangweilt oder von oberflächlicher Freundlichkeit. „Cool" nennen es die Leute hier. Als hätten sie Angst, sich zu nahe zu kommen.

Wir treffen alte Bekannte, die uns tageweise auf Passierschein von Westberlin aus besuchten, als Pankow noch Pankow war und wir uns auf dem geteilten Erdkreis noch zurechtfanden. Damals retteten wir wie immer die Menschheit endgültig bei einer Flasche Rotwein – regelmäßig bis nachts um zwölf. Dann fuhren sie weg, in eine lichte, fremde Welt, ließen uns mit ein paar offenen Wunden und einer halben Sehnsucht im Dunkel zurück. Ein paar Briefe durchbrachen die Mauer in beiden Richtungen, immer geschrieben in der Hoffnung, irgendwann einmal in Bochum oder anderswo bei einer Tasse Tee die Träume zu tauschen. Endlich ist es so weit. Endlich das sagen, was offenblieb. Endlich normal miteinander umgehen.

Sie haben in der Stadt noch ihre kleine Wohnung. Die Westadresse, die wir unter die Ostbriefmarke schrieben. Sie haben noch die andere Hälfte der Sehnsucht von damals und die gleichen Gesichter und jeder ein neues Auto. Wir erkennen uns noch und kennen uns nicht mehr.

Das Ende eines spannenden Rätsels: Jetzt sehen wir, wie sie wirklich sind. Erträumte Bilder und geliebte Vorurteile weichen dem richtigen Leben. Halten wir das aus? Wir freuen uns, dass die Welt uns zusammenwächst. Dass unsere Hoffnung, angefressen von den grauen Jahren, nun doch gewonnen hat, wider den Augenschein. Die Wohnung, ein Altbau mit neuen Fenstern, hat hohe, sonnige Räume mit Zentralheizung. In den Kiefernholz-regalen stehen Bücher. Die meisten kenne ich nicht. Aus den Lautsprechern singt ein etwas zu weicher Mike Old-field etwas zu laut. Es duftet nach Leben. Sie haben ihren Ort behalten. Wir vergleichen schon, während wir uns noch in den Armen liegen. Hoffnung mit Hoffnung. Staat gegen Staat. Ansicht gegen Aussicht. Marx gegen Bloch.

Aber es ist anders als in Pankow. Es kostet kein Seelengeld. Schnell verliert das Gespräch den Boden des Wiedersehens. Gewöhnung nimmt Raum in den Gesten. Kälte nimmt Einzug in die Wörter. Müdigkeit bremst die Sätze. Die Nähe verliert sich. Eisblumen fallen in die überheizte Seele. Alles wird formelhaft. Weder die Thermofenster noch die freundlichen Ikea-Hölzer, die pastellfarbenen Poster oder der Duft der indischen Räucherstäbchen vermögen die Wärme zu halten.

Das Gespräch wird steif. Es stürzt ab in die Schutzwörter dieser seltsam distanzierten Sprache. Als es wirklich um das Leben geht, sitzen wir an den Rändern. Wir mögen nicht bei jedem zweiten Wort nachfragen. Dabei wollen wir wissen, was es mit der geplanten „Demo", der „Szene", den „Autonomen" auf sich hat. Offensichtlich waren die Umarmungen und Gespräche damals nur möglich, solange man dieser Maskerade der Wörter und Gefühle entgangen war. Und wir blieben lebendig, so lange wir Exoten waren. Helden, eingeweckt in eine andere Welt, die man wie ein Museum besuchte. Sich nicht preiszugeben, nicht zu tief kennen, sich nicht zu nahe zu kommen, das hat seinen Preis. „Dies Kind will unverletzet sein."

Ohne den dunklen Hintergrund waren unsere Worte, unser Schweigen, auch unsere Hoffnungen nur schlecht verwertbar. Und was die DDR betraf, so wollte man wohl lieber bei seinen Vorurteilen bleiben. Das Gespräch hat sich derweil über AKWs und Endlager zur Konjunktur davongemacht. Die Preise der „Freien" werden mit denen der „Unfreien" verglichen. Es geht aber nicht mehr um die Menschheit, sondern um Tankstellen. Da hört auch ihr Spaß auf. Irgendwann mittendrin merke ich schmerzlich, dass ich nicht dazugehöre. Dass ich nie einer von ihnen sein werde. Und das erste Mal frage ich mich, ob ich es überhaupt will. Sie sind in einer anderen Zeit geboren.

Ich halte das nicht aus und fahre mit Bernd, dem Freund, mitten in der Nacht in einem rosaroten VW-Variant aus dem Dickicht der Stadt an die Nordsee. Ich will Sand und Erde unter den Füßen haben, Wasser vom Wasser, das es in meiner Welt nicht gab, das mir die Vergangenheit aus der Seele wäscht. Wir fahren über die Autobahn und genießen es, Zeit zu haben und das nötige Kleingeld. Ich drehe Zigaretten, Bernd das Lenkrad. Die Autoschlangen schwimmen als Lichterketten zum Horizont. Vor uns rot, auf der anderen Spur gelb. Schilder in Blau leuchten aus, wie viele Auswege das Leben hat.

Wir fahren nach Wilhelmshaven, kommen ans Wasser, als der Mond noch badet. Eine Stunde mit der Ewigkeit, dann halten wir die Kälte nicht mehr aus. Bernd versucht es noch mal mit mir und erklärt mir mühsam und liebevoll die Welt auf dem Weg zurück in die eisige Einsamkeit nach Bochum. Dammer Berge ist eine Raststätte, die am

Morgenhimmel über den Autos hängt. Wir trinken einen schwarzen Kaffee morgens, noch vor der Sonne, die kurz vor Bochum aufgeht und hinter dem Beton das Weite sucht. Das Beste am Westen ist das Wegfahrenkönnen.

Bochum habe ich nicht wiedergesehen. Und die alten Freunde sind alt geworden, wie wir.

Unsere Begegnung damals wird sie nicht weniger schockiert haben als uns. Denn es war der Anfang vom Ende eines Tierversuches an lebendigen Menschen, den man mit einem falschen Wort „Sozialismus" nannte. Die Mauer ist gefallen. Das Wort kann nichts dafür. Die Beute, aus dem Ende der Gesellschaft, die unsere Hoffnungen missbrauchte, ist gerecht verteilt worden. Nur nicht unter uns.

Wir trennten uns damals, den Kopf voller Vorurteile. Die einen rüsteten sich mit ernsten Aufklebern und hoffnungsvollen Flugblättern für den mühsamen Weg durch die Institutionen. Sie nährten sich konsequent von der Bitternis aus Nicaragua-Kaffee und ungesüßtem Vollkornkuchen und umgaben sich tapfer mit dem unparfümierten Duft naturbelassener Kernseife und reinen Wollpullovern. Der Markt erwartete sie in jedem Hohlweg. Hoffentlich blieben sie nicht auf der Strecke. Wir, die anderen, stillten uns mit einem kräftigen Stück aus dem Wohlstandskuchen den ersten Heißhunger. Wir lernten unter Bauchschmerzen den klaren Blick für die Zweideutigkeit des Lebens, den Verzicht auf schnelle Urteile und die Empfindlichkeiten der Demokratie. Sofern wir lebendig geblieben sind, begegnen wir uns wieder auf sensiblen Wegen in Niemands Land.

Ankunft in Münster

Die Stadt ist schön bis in die Außenbezirke, überfüllt, aber überschaubar, sodass man sie mit dem Fahrrad in einer Stunde durchqueren kann. Nach langem Suchen bekommen wir endlich eine Zweizimmerwohnung im Süden mit Küche und Klosett, für 540 Mark Miete, das ist die Hälfte unserer Einkünfte.

Vom ersten Geld kaufen wir uns je ein gebrauchtes Fahrrad. Ich kaufe nach langen Kämpfen endlich für 300 Mark eine Gitarre. Eine alte Schreibmaschine bekomme ich geschenkt.

Nun kann es losgehen. Blatt für Blatt füllt sich mit den Erinnerungen an das Gefängnis. Vieles scheint nicht aufs Papier zu gehen, zwischen den Zeilen färbt sich das Papier mit grauen Worten.

Die Freunde und Bekannten werden aus dem Gedächtnis gekramt. Das erste eigene Telefon.

Mir wird bewusst, wie künstlich diese Verbindung ist. Abgesehen davon, dass jedes Wort auf die Goldwaage muss, ehe es ausgesprochen wird, kostet jedes Wort Seelengeld. Die meisten, mit denen ich telefoniere, werde ich über Jahre nicht wiedersehen. Vielleicht einmal in einem anderen Leben, vielleicht in einem anderen Land, bestenfalls in Prag.

Ganz schnell geht das Vergessen. Ich kann mir vieles schon jetzt nicht vorstellen, ahne die Veränderungen nicht, die in den letzten zwei Jahren sowohl mich als auch den Freund an der anderen Seite der Leitung ereilt haben.

Es scheint, dass die Zeit im Osten eine andere Zeit ist,

dass die Menschen dort anders altern, dass wir uns zwar noch erkennen, aber nicht mehr kennen. Oft schneide ich diese Gedanken ab.

Denn jetzt bin ich einer von denen, die gegangen sind. Dass ich gehen musste, spielt angesichts der Tatsache, dass ich von einem Tag auf den andern wegmusste, keine Rolle. Ich bin nicht mehr da. Und sie sind geblieben. Wir leben von den Fakten, nicht von den Träumen. Das Gefängnis hat mich verändert, hat mich meiner Traumfarben beraubt, nichts ist, wie es ist. Sich selber treu sein geht nicht. Ein anderer werden tut weh.

Die Menschen hier sind anders, haben eine andere, fremde Geschichte. Sie sprechen eine andere Sprache. Ich bin ein Fremdling im eigenen Land. Was habe ich alles vergessen und wie wenig kann ich vergessen. Das Leben ist eine einzige Wunde.

Ich sehe es an Tine. Sie hat einen anderen Gang und was schlimmer ist: Auch sie hat eine andere Sprache. Ich verstehe sie nicht mehr, wenn sie über das Gleiche redet. Wenn sie von Greifswald spricht, meint sie eine andere Stadt mit anderen Leuten als ich. Wenn sie den Westen sieht, sieht sie anderes als ich. Sie ist sie und ich bin ich.

Ich möchte nicht, dass sie abends allein weggeht. Ich habe Angst um sie, diese Stadt scheint manchmal ein Moloch zu sein. Ich habe Angst, dass sie andere Erfahrungen macht. Ich will, dass sie so ist wie ich, ich möchte in ihren Augen lesen können, was ich sehe. Auch das ist mir nicht gegeben.

Wir gehen zur Uni, um uns anzumelden. Inzwischen

ist unser Urteil für nichtig erklärt worden. Wir gelten nicht mehr als vorbestraft und können wieder anfangen zu studieren.

Transit

Auf einmal fahre ich wieder auf dieser Straße. Das letzte Mal fuhren wir sie noch mit einem Trabant. Jetzt mit einem alten Ford. Immer näher rückt das Ende der Welt. Nie wieder wollte ich hier entlangfahren, nie wieder einen Vopo sehen, nie wieder diese Macht nach mir greifen lassen. Aber jetzt. Das Herz schlägt höher. Tine hat einen alten schwarzen Hut auf. Sie kurbelt die Scheibe runter. Es riecht wie damals nach Braunkohle, die schlecht brennt. „Ausweis bidde". Der Pass verschwindet mitsamt dem Vopo hinter irgendeiner der unzähligen Türen. Vor uns ein Fließband, genau die Breite eines Passes. Mit Plexiglas überdacht. Unter dem schmutzigen Glas fahren grüne Pässe in Richtung Osten zum nächsten Kontrollhäuschen. Das Hochgefühl, Inhaber eines Passes zu sein, der für „alle Länder der Welt" gilt, weicht der Angst, es die längste Zeit gewesen zu sein. Es kommt erst wieder, als uns die ersten Trabis entgegenstinken.

Das erste Mal heften sich Blicke an uns, Kinder winken aus ihren Ostautos. Heimat: Magdeburger Börde. Schwere dunkle Erde. Es fällt sofort auf, dass die Felder viel größer sind als im Westen. Die ersten Dächer eines Dorfes. Das Rot ist nachgedunkelt. Eine LPG. Alles taucht aus dem Vergessen auf. Die eigene Kindheit, hinten im Wartburg. Die Elbwiesen, der breite Fluss. Magdeburg zeigt seine Betonbauten. Weit dahinter die Silhouette des Domes. Alles hat einen grauen Schleier, selbst die Autos. Tine steuert die Raststätte an. Ziesar. Sie war eine der gepflegtesten. Wir bestellen einen Kaffee. Der riecht wie früher. Diese kostbare Erinnerung zahle ich gern in West.

Der letzte Kaffee dieser Art quälte mich bei einem der endlosen Verhöre. Er drückte sofort auf die Blase. Ich musste mich auf die Toilette abführen lassen. Der Vernehmer war wütend.

Dann gehen wir das erste Mal seit Jahren in den Intershop, das erste Mal ganz offiziell, als Westler. Beim Eintreten, als es mitten in der DDR so nach Westen riecht wie in keinem westlichen Geschäft, weiß ich, dass dieser Laden, der kaum ein größeres Sortiment hat als eine durchschnittliche Tankstelle, mehr über den Westen aussagt als alle letzten Jahre zusammen. In diesen Geschäften ist der Westen leuchtende, unvollständige Sehnsucht, heil, fremd und bunt.

Nie wird es mehr so sein. Wir kaufen Tabak, Zigaretten und Whisky – all das kostet die Hälfte. Aber es kostet Seelengeld, sich zu erinnern und zu vermissen, was man nie besaß. Als wir wieder auf die Autobahn fahren, lege ich eine Kassette von Wolf Biermann ein. Lieder, die in dieser märkischen Landschaft wuchsen, mit uns und den Kiefern und der Kirschblüte ein paar Steinwürfe hinter dem Acker. So habe ich diese Lieder nie gehört:

„Dann freun wir uns und gehen weiter
und denken noch beim Küssegeben:
Wie nah sind uns manche Toten, doch
wie tot sind uns manche, die leben."

Nicht leicht zu durchschauen, nicht leicht zu lernen, nie
zu begreifen, dass die Guten und die Bösen allesamt von
Gottes Sonne beschienen werden und dass auch im Westen „die Schweinehunde" gerecht verteilt sind.

Da kommen sie uns entgegen in ihren Trabis, überho-
len uns stolz mit ihren Wartburgs, weil wir uns so pene-
trant an die Geschwindigkeit halten. Dann schauen sie
uns bei Hundert durch zwei Scheiben in die Augen: Menschen, deren Horizont wir durchschneiden, als wäre es
das Normalste von der Welt. An dem Schild mit der War-
nung: „Letzte Abfahrt für Bürger der Deutschen Demo-
kratischen Republik" kommen sie nicht vorbei, vielleicht
niemals in ihrem Leben. Wenn es schiefgeht, geraten sie
aus der Dämmerung über den leuchtenden Todesstreifen
in das endgültige Zwielicht des Todes. Ohne je gesehen
zu haben, dass das Licht der Welt ganz anders ist: reicher
und teurer.

Wieder nähern wir uns der Grenze, immer in der Gewissheit, beobachtet zu werden, und in der Hoffnung,
dass all das schnell hinter uns liegt. Wieder die Fressen
der Kontrolleure, besonders pervers die weibliche Aus-
führung dieser Uniform – ich hatte ganz vergessen, dass
diese Kleidungsstücke so hässlich waren. Dann andere
Farben: Der westliche Zöllner will wissen, ob wir unver-
zollte Ware haben. Ich möchte ihn schon dafür umarmen,

dass es ihn gibt und ich an ihm vorbeifahren kann ... Westberlin steht offen. Rias in Hifi-Qualität und ab auf die Avus. Vorbei am Kongresscenter und dem Funkturm. Autos bunt und ohne diesen Gestank. Wir sind wieder im Westen ...

Die Leute sehen lebendiger aus. Aber sie sind eingekreist und eingesperrt in dieser Stadt, wie die anderen, die uns eben passieren ließen, ausgesperrt bleiben. In Westberlin bist du überall kurz vor dem Ende der Welt. Ich frage mich, wie schnell ich mich an diese Mauer gewöhnt hätte. Immer wieder das Bewusstsein: Ehe die Welt weitergeht, musst du zwei Stunden fahren. Und dann fragst du dich: Was will ich eigentlich in Hannover? Die Welt ist woanders.

Wollankstraße

Mit der Westberliner U-Bahn fahre ich einmal unter dem Osten durch, sehe auf einem schmutzigen, stillgelegten U-Bahn-Steig sekundenlang bewaffnete Vopos auf und ab gehen. Ich erschrecke, weil ich nicht mehr weiß, weshalb ich so sicher bin, dass sie mich nicht mehr packen können.

Ich kaufe eine S-Bahn-Karte und fahre zum Bahnhof Wollankstraße. Von dort aus kann ich meinen täglichen Schulweg sehen, die Straße, in der Tine wohnte. Jedes Mal, wenn ich diese Straße herunterkam auf dem Heimweg und eine S-Bahn im Westen auf dem Bahnsteig hielt, wollte ich wissen, wie die Menschen leben, was sie hin- und herjagt. Wollte wissen, ob es sich in der West-S-Bahn anders sitzt als in der Ost-S-Bahn. Die Farben waren gleich. Ockergelb und Karminrot, im Westen glänzend, im Osten stumpf. Auf der westlichen fehlte die Schmutzkruste. Die westlichen Züge haben keine Holzklasse mehr. Und sie halten an Orten, die ich nicht kenne. Manchmal hörten wir früher Geräusche hinter der Mauer, eine westliche Sirene, ein Martinshorn oder die Flugzeuge, deren Anflugschneise für Tegel tief durch unsere Gespräche und Hoffnungen dröhnte.

Beklommen gehe ich jetzt auf dem verkommenen Bahnsteig auf und ab. Deutlich, dass er noch der DDR-Reichsbahn gehört. Zwischen dem grauen Pflaster wächst graues Gras. Eine Birke kämpft sich durch eine Regenrinne. Alte Farbe rollt sich auf einer Bank, der ein paar Rippen fehlen. Durch das Dach über den rostigen Jugendstilpfeilern bohren sich ein paar Sonnenstrahlen. Ich befinde mich auf DDR-Gebiet und sehe, dass vom nahe gelegenen Grenzturm ein Fernglas meine Bewegungen nachvollzieht. Die Häuser auf der anderen Seite sind nach Westen hin renoviert. Ich sehe ein paar Trabis hin- und herfahren, der Lärm reicht bis auf den Bahnsteig und ich habe den Gestank der Zweitakter deutlich in der Nase.

Und doch geschieht etwas, das ich nicht für möglich gehalten hätte: Ich spüre Heimweh nach Heimat. Ich komme mir plötzlich fremd vor. Nichts ist, wie es ist. Dass mir nun für immer verboten sein soll, auf die andere Seite der Mauer zu gelangen, kränkt mich. Die Freunde, mit denen ich zwanzig Meter entfernt jahrelang versuchte, diese Grenze fortzuhoffen, fangen plötzlich an zu schmerzen. Vielleicht geht einer dort drüben gerade zum Bäcker oder sitzt in irgendeinem dieser Autos unterwegs zur Arbeit. Immer noch mit der Hoffnung, dass alles einmal endet, auch dieses Eingesperrtsein. Ich spüre, dass meine Sehnsucht sich verändert hat, dass ich mich mit dem, was ich mir wünschte, davongemacht habe. Ich spüre, dass ich aus der Ferne und aus der Sicherheit heraus nie mehr verstehen kann, wie meine Ungeduld dort weitergeht. Ich fühle mich abgeschnitten und ahne, dass es schwer sein wird, wieder Wurzeln zu haben. Wachsen bedeutet, sich zu entfernen. Auch die Orientierung, die die vertrauten Feinde mir gegeben haben, scheint plötzlich fort zu sein.

Jetzt eine Karo in irgendeiner heruntergekommenen Altbauwohnung, ein Glas schlechten Rotwein und dazu ein Gespräch, das in die Glieder fährt. Mit dem Bewusstsein, dass unsere Hoffnung stärker ist als ihre Angst.

Träume umgekehrt

Meine Camel schmeckt plötzlich nach Karo. Ich befinde mich am „Alex". Ich greife nach meinem Pass und habe meinen altvertrauten DDR-Ausweis in der Hand. Ich setze mich auf den Brunnenrand, sehe die Weltzeituhr hoffnungslos nachgehen. Klar: Hier bin ich zu Hause. Es ist so schön leer, denke ich, als ich auf dem endlos wirkenden Platz nach Bekannten suche. Und so totenstill. Wenig Autos auf der Straße ganz hinten. Aber weitreichender Zweitakter-Gestank. „Centrum-Warenhaus". „Das Gute Buch". Als Lehrling habe ich dort Bücher verkauft. Sofern wir gerade welche hatten. Die meisten sahen nur aus, als wären es Bücher. Wenn es welche gab, legte man sie in einen Einkaufskorb, wie in der Kaufhalle den Fisch. „Hotel Stadt Berlin". Unten gab es Pfeffersteak mit Kräuterbutter, wenn man das Glück hatte, platziert zu werden. Oben Panorama mit Fasan. Aber das weiß ich nur vom Hörensagen. Hinter mir schnauft die S-Bahn ans Ende der Welt. Friedrichstraße. Vorher nur noch Marx-Engels-Platz. Wieso bin ich hier?

Vor wenigen Augenblicken sagte mir ein Offizier in breitem Sächsisch: „Ihre Einreise in die Deutsche Demogradische Rebublik ist nicht gestaddet". Auf meine Frage nach den Gründen kam die stereotype Antwort, dass darüber „international keine Auskunft" gegeben werde. Was heißt für so einen „international"? Ich weiß genau, dass ich sofort in Richtung Westen zurückfuhr. Kein Zweifel, dass ich dort ankam. Ich stieg soeben am Zoo aus und ging den Kurfürstendamm hinunter.

Dass ich am Alex bin, muss ein Irrtum sein. Ein gefährlicher. Ich kann gar nicht hier sitzen. Ich sehe zwei Vopos gemächlich auf mich zukommen. „Ausweis bidde!" Ich werde verrückt. Mein Herz schlägt bis zum Hals. Ich muss meinen Pass irgendwo haben.

Ich will keinesfalls wissen, was die mit mir machen, nicht noch einmal! Ich wache auf, ohne das Happy End abzuwarten.

Niemandsland mit Bahn

Der Zug schneidet sich kreischend in das Grün der Felder. Pünktlich erreicht er die Grasnarbe. Jeden Tag. Grün
ist nicht grün. Rot ist nicht rot. Ich habe das mühsam
gelernt. Ein Stoppelfeld ist nicht einfach ein Stoppelfeld.
Du musst lernen, über die Unterschiede hinwegzusehen.
Du musst lernen, dich nicht ständig zu wundern, dich
nicht ständig zu freuen. Du musst lernen, ein normaler
Mensch zu werden. Sonst geht das hier schief. Ich darf
nicht durch Berlin gehen und immer denken: Berlin ist
viel schöner als Berlin. Kein Mensch versteht das. Der
Blick auf die Bahnschienen darf nicht immer davon leben, dass sogar der Schotter sauber ist oder die Beton-
schweller heil sind. Oder dass selbst in den Bahntoiletten
fließend Wasser ist.

Da fahren ein paar Häuser vorbei, die sehen aus wie
Osthäuser. Aber auch das stimmt nicht. Die Fenster sind
blank, die Farbe auf den Türen haltbar. Ruine ist auch
nicht gleich Ruine.

Was, wenn Lachen nicht gleich Lachen und Weinen
nicht gleich Weinen ist?

Mensch, Tine, schaffen wir das? Schaffen wir das,
gleich zu bleiben und anders zu werden? Wir, Rücken an
Rücken?

Schaffen wir es, uns das aufzuteilen, dieses Nichtmehr-
verstehen und Nichtmehrverstandenwerden?

Wir lügen, wenn die Leute im Westzug fragen, woher wir kommen, weil sie uns an der Sprache erkennen,
vielleicht auch an den Bewegungen. Wir wollen die Ver-

gangenheit nicht aufwärmen. Nicht immer wieder diese Knastgeschichten. Nicht auf der Strecke bleiben! Auf der Strecke zwischen Berlin und Hannover, irgendwo da, wo die Magdeburger Börde zur Bürde wird. Warum ruckelt der Zug nicht, warum haben wir einen Sitzplatz, warum stinkt er nicht und warum ist er pünktlich? Nur ein einziger Zug in unserem Leben war pünktlich. Der Grotowohl-Express, der die Gefängnisse mit Gefangenen belieferte. In Handschellen saßen wir in kleine Kabinen gepfercht, hinter Milchglasscheiben, und merkten jede Schwelle. Hinterher ein Rücken wie ein geprügelter Hund. Auf dem Bahnhof schauten die Leute weg, als wir ausstiegen in unseren Knastlumpen zwischen den bellenden Kötern und den Maschinenpistolen, je zu zweit eine Handschelle teilend. Dabei hätten wir so gern mal einem Menschen in die Augen gesehen. Nach zehn Monaten. Aber keiner sah uns auf dem vollen Bahnsteig. Der Zug war pünktlich: in Cottbus, in Brandenburg, in Hoheneck. Denn er hatte Zeit. Unsere kostbare Zeit. Hoffentlich interessiert dich das nicht, hoffentlich bleibst du nicht hängen auf diesen Gedanken.

Wir kriegen die Tür nicht auf im Intercity. Wir brauchen die Tür nicht aufzukriegen. Sie öffnet sich langsam automatisch. Wir steigen an dem Schild aus, auf dem ein vergilbter Kanzler hinter einer Zigarettenreklame hervorschaut. Der Kanzler der Westdeutschen. Tines Kanzler. Mein Kanzler. Unser Kanzler.

Ankunft mitten im Leben

Seit wir uns das letzte Mal gesehen haben, sind Jahre vergangen. Unsere Wege hatten sich getrennt, unsere Zeiten auch. Mein alter Freund alterte anders. Wenn er morgens aufwachte, sah er ein anderes Licht. Wenn er abends durch seine Stadt ging, warf er andere Schatten. Er hatte eine Mauer vor Augen. Ich hatte eine Mauer im Rücken. Er hatte keine Wurzeln mehr. Ich hatte noch keine Wurzeln. Er lebte in der Fremde. Ich lebte in der Fremde. Jeder anders, jeder für sich.

Unser letzter gemeinsamer Spaziergang führte am Ryck hinauf. Wir überquerten das Flüsschen auf einer hölzernen Zugbrücke, die wohl einem Bild von van Gogh entnommen war. Bei einbrechender Dämmerung erreichten wir die alte Klosterruine Eldena, die Caspar David Friedrich mehrfach gemalt hat. Durch den hohen gotischen Bogen sahen wir, wie die Sonne in den meterdicken Eichbäumen hing, als wollte sie nicht nach Westen. Die alten Backsteinmauern schienen zu glühen, bevor sie ins Dunkel sanken. Seit Jahrhunderten das gleiche Schauspiel. Dazu lasen wir abwechselnd Gedichte, er von Novalis, ich von Hölderlin. Die Auswahl ergab sich aus der augenblicklichen Färbung der Blätter, der Haltbarkeit des Lichtes und dem Zustand unserer Seelen, eingeklemmt zwischen Gehen und Bleiben.

Morgens weckte uns im Wohnheim der gleiche Wecker im gleichen Zimmer aus gleich fremden Träumen. Ihn störte es, wenn ich bis nachts auf der Schreibmaschine herumhackte. Meine „Erika" mit dem Blechgehäuse war nicht leise und nicht mehr sicher, denn das kleine „a" hatte zu wenig Kraft für mehrere Durchschläge und war außerdem etwas schief. Texte aus so einer Schreibmaschine gaben sich sofort zu erkennen.

Mich störte seine Seelenruhe, mit der er es nicht für nötig hielt, bis nachts auf einer Schreibmaschine zu schreiben. Der Effekt war derselbe. Nur hatte er eher begriffen, dass die Welt, in der wir zum donnernden Leben verdammt waren, nicht mehr zu retten war. Schon gar nicht nachts mit einer alten Schreibmaschine. Wir lernten an den Vorabenden der Klausuren ebenso gemeinsam Vokabeln für Griechisch, Latein und Hebräisch, wie wir sie gemeinsam am nächsten Nachmittag vergaßen. Wir fuhren zum Schwimmen, montagmorgens um sechs ohne Licht auf einem Tandem mit angebrochener Gabel. Wir verachteten den Sportlehrer, der uns mit seinen militärischen Kommandos durchs Schwimmbecken jagte, bis uns Hören und Sehen verging, die Ohren randvoll Wasser, die Augen rot vom Chlor.

Jeden Morgen mahlte er Körner mit einer alten Kaffeemühle aus Holz, während ich Möhren oder Äpfel rieb. Das Ganze wurde mit Milch begossen. Über mangelnden Geschmack trösteten wir uns mit der Überzeugung, dass eine solche Mahlzeit gesund sei. Bis mittags studierten wir gemeinsam, dann gingen wir gemeinsam zur Mensa und aßen vom gemeinsamen Teller. Einer bezahlte, der andere aß „auf Nachschlag". Einmal monatlich, wenn es Stipendium gab, gingen wir „bummeln" und dann in die Hähnchengaststätte mit dem Namen „Broilerbar", bestellten eine Reissuppe, ein halbes Hähnchen, dazu gab es Weißwein. Was uns von den hundertachtzig Ostmark blieb, trugen wir meist am selben Tag in die Buchhandlung.

Abends retteten wir bei Tee oder billigem Rotwein unermüdlich die Menschheit. Wir schmiedeten gemeinsam Pläne, dieses Land zu verlassen, verwarfen sie wieder und überredeten uns gegenseitig zum Bleiben, je nachdem, wie nahe wir dem Morgen waren. Nach den Sprachsemestern an der Uni Greifswald ging er an die Theologische Fakultät in Halle. Wie so oft wollte er einen neuen Anfang machen. Zuletzt sahen wir uns, kurz bevor sie mich in Greifswald wie einen Hund von der Straße zerrten und direkt ins Untersuchungsgefängnis im Ostberliner Polizeipräsidium Keibelstraße brachten. Wir hatten uns aus Augen und Sinnen verloren.

Bis er mich plötzlich anrief. Er sei um die Ecke in Unna. Mit einem geliehenen Auto fuhren wir der ersten Auferstehung mitten im Leben entgegen. Wenn uns damals beim Abschied für immer jemand prophezeiht hätte, dass wir fünf Jahre später in Unna im Auffanglager neben einem tropfenden Wasserhahn auf einem Militärbett mit durchgelegener Matratze und blau karierter Bettwäsche mit einer Flasche Champagner das Ende der verdorbenen Zukunft feiern würden, wäre unser Unglaube größer gewesen als nach einem zweiten Theologischen Examen.

Als wir uns nach all den Jahren in den Armen liegen, suchen wir neue Spuren in den vertrauten Gesichtern. Wir suchen Worte und erdrücken sie mit seligem Gestammel. Jahre zwischen uns, voller zerronnener Hoffnung. Es dauert, bis wir uns in unserer vertrauten Sprache zurechtfinden.

Endlich einer, der nicht nach ein paar Stunden zurück-
fährt ins Graue. Endlich einer, der weiß, was Greifswald
heißt oder Bautzen, ZV-Lager oder M/L. Einer, der unsere Träume kennt und unsere Dummheiten, unsere Feigheit geteilt hat und unsere vertrauten Feinde. Da sitzt er
auf seinem Doppelstockbett mit der Knastbettwäsche
in Jeans aus dem Intershop, neuen Schuhen vom letzten
Ostgeld, lächelt wie ein kleiner Junge zu Weihnachten
und läuft über vor Lebensmut.

Er weiß, dass nun alles anders wird. Nie wieder die
Stasi-Fressen, nie wieder die demütigenden Wege zu den
„Organen" wegen „Klärung eines Sachverhalts". Nie
mehr die grinsende Allmacht, die Drohungen, man könne ihn auch einsperren. Nie mehr die elenden Verhöre.

Er ist den dunklen Jahren seines Lebens entkommen,
der ewigen Rolle des ewigen Pastorensohnes, immer auf
seinen Glauben genagelt und an seinen Zielen gehindert.
Endlich abgenabelt. Jetzt fängt das Leben an, lebendig
zu werden. Wer auch immer ihm im Wege stehen wird –
die nicht mehr. Welche Fehler er auch machen wird: auf
jeden Fall andere!

Er hat alles hinter sich gelassen, nichts hat er mitgenommen, bis auf ein paar Bücher und Wäsche zum
Wechseln. Endlich weg, das Grau aus der Seele, endlich keiner mehr, der aus seinem Leben einen Wartesaal
macht. Schluss mit dem Exil! Da gehörten wir nicht hin,
da hatten wir nichts zu suchen. Die wollten uns nicht und
knebelten uns doch.

Mit der Bahn sei er gekommen, sagt er, hinter Helmstedt habe die Landschaft andere Farben. Selbst das Licht

sei auf einmal anders gewesen und der Zug habe angefangen zu reden. Hinter der Grenze hätten alle plötzlich
ein Gesicht gehabt. Und der Geruch habe aufgehört. So
einen Gestank wie in Bitterfeld, den würde er sich nie
mehr gefallen lassen. Ein für alle Mal. Als er anfängt,
uns das Leben zu erklären, zieht Tine schon mal das Bett
ab und packt seine Sachen in die nagelneue Reisetasche.
„Du kommst jetzt mit zu uns nach Münster!" Er folgt
der strikten Anordnung etwas zögernd, denn sie haben
ihm gesagt, er müsse erst alle Anträge ausgefüllt haben,
ehe er das Lager verlassen kann.

Eigentlich beginnt der Westen erst auf der Autobahn.
Er staunt über die vielen Autos, liest jede Reklame auf
den Planen der Lkws und wundert sich, dass alles so reibungslos ist. Nichts bremst mehr, nichts droht.

Wenn er Geld hat, kauft er sich einen VW, sagt er. Und
dann will er losfahren, über die Alpen oder nach Straßburg. An einer Schranke haltend sehen wir einen endlosen bunten Zug nach Übersee, doppelstöckig bepackt mit
nagelneuen VWs.

Als Münster seine ersten Straßenarme nach uns aus-
streckt, ist er überfahren von der Freundlichkeit der
Welt. Die Vielfalt springt ihn an. Menschen, jeder anders,
Häuser, wohnlich, das viele Glas, die Geschäfte. All das
soll erreichbar bleiben, auch noch morgen, kein Traum,
aus dem man aufwacht. Wir gehen in die Innenstadt, die
dezent, aber eindringlich mit ihren Auslagen Jagd auf ge-
putzte Menschen macht. Über dem gotischen Giebel des
Rathauses hängt der Westfälische Frieden. Drei Käfige
am Turm der Lamberti-Kirche verkünden den bischöfli-

chen Sieg über das „Neue Jerusalem". Nach ihrer Hinrichtung wurden die Leichen der Anführer des Wiedertäuferreichs in diesen Käfigen an Lamberti aufgehängt. Der Prinzipalmarkt umstellt mit seinen Arkaden das uralte blutbesoffene Pflaster.

Vor den Auslagen in den Geschäften begreift er die Welt nicht mehr: Es gibt nichts, was es nicht gibt. Er bleibt an jedem Schaufenster stehen. Wir gehen zu Regensberg rein, in die älteste Buchhandlung Europas, und gleich wieder raus, weil er schon nach Augenblicken die Orientierung verloren hat und verzweifelt zwischen den Regalen hin- und herirrt. Beim gegenüberliegenden Schallplattenladen kommt er nicht über die Schwelle. Im Eingangsbereich wühlt er erschöpft und abwesend in den Sonderangeboten. Erst als wir ihm sagen, dass das meiste auch morgen noch so günstig zu bekommen sei, ist er zu bewegen, ein Café aufzusuchen. Unterwegs lässt ihn die Frage nicht los, wer denn so viele Schuhe braucht. Beim Betreten des Cafés wartet er beklommen, dass irgendwer ihn „platziert". Als dies ausbleibt, treibt ihn die Aufregung auf direktem Wege zum Klo. Nur schwer lässt er sich darüber beruhigen, dass Sauberkeit und ausreichendes Papier zum Standard gehören. Den Spülknopf hat er nicht gefunden.

Im Supermarkt tröstet er sich mit billigen Bananen über den Brotpreis, den er für unsozial hält. Dass eine Ladung Klinkersteine vor einem Baugerüst über Nacht liegen bleibt, hält er für sträflichen Leichtsinn. Er erinnert nachdrücklich an die Faustregel der Mangelwirtschaft, aus der er kommt: Wenn zehn Häuser geplant sind, werden neun gebaut und eins geklaut. Erst als er einen Betonmischer am Haken eines Baukrans in unerreichbarer Höhe baumeln sieht, bringt dieser Triumph sein Weltbild einigermaßen wieder in Ordnung.

Für ein paar Hundert Mark kauft er sich einen alten VW-Passat, an dem er tagelang den Rost beseitigt. Darüber, dass der Lackstift hundertprozentig den Original-Farbton trifft, staunt er wochenlang.

Er macht den Tank voll und fährt immer wieder ohne besonderes Ziel über verschiedene Autobahnen. Das ist es: endlich raus, endlich weg. Endlich frei. Er fährt nach Holland. An der Grenze ist er beinahe beleidigt, weil niemand seinen nagelneuen grünen Pass sehen will.

Im ersten eigenen Zimmer hat er nach zwei Tagen Telefon. Er genießt stundenlang, dass niemand mithört. Erst als die Rechnung die Mietkosten noch übersteigt, ist sein Eifer etwas gedämpft. Von Ost nach West heißt: erwachsen werden. Es dauert lange, bis alle Anträge zur Eingliederung bearbeitet sind. Nach einem halben Jahr kann er sein Studium fortsetzen. Das Leben normalisiert sich. Er lebt sich ein.

An einen Umstand allerdings kann er sich nicht gewöhnen. Vor seiner Tür wohnt einer auf der Parkbank. Als dieser ihn nach ein paar Tagen freundlich und regelmäßig grüßt, winkt er zaghaft zurück. Er findet keinen plausiblen Grund, der ihn davor schützen könnte, irgendwann auf einer Parkbank zu wohnen.

„Roter Terror"

Gestern waren zwei Herren vom Landeskriminalamt Brandenburg bei mir. Sie haben mich sechs Stunden als Zeugen vernommen. Hubert Schulze, im Zuchthaus Cottbus unter dem Namen „Roter Terror" bekannt, war Gegenstand der Vernehmung. Der Mann, durch dessen Hände alle Häftlinge gingen. Ein baumlanger Kerl, mit Händen wie Klosettdeckel. Wenn ich an diesen furchtbaren Riesen denke, tut mir heute noch der Rücken weh. Eine Szene mit schmerzhaftem Ausgang steht mir vor Augen, als sei es gestern gewesen.

Nach der Kontrolle der Aufnahmezelle, bei der er mit einem Maßband die Länge der auf Kante gebauten Bettdecken geprüft hatte und Prügel androhte, wenn er noch einmal eine Zahnbürste sehe, die nach Westen zeigte, befahl er uns auf den Gefängnishof, um uns einen „ordentlichen Gang" beizubringen.

RT schnarrte seine Kommandos mit großem Ernst und unterstrich das eine oder andere mit einem Pfiff aus der Trillerpfeife. Die silbernen Knöpfe auf seiner dunkelblauen Uniform glitzerten in der Sonne. Inmitten meiner zackig ausgerichteten Leidensgefährten versuchte auch ich angespannt und verbissen, die Gliedmaßen und Knobelbecherschuhe in das verlangte Gleichmaß zu bringen. Alle waren bekleidet mit dem „Kartoffelkäfer", braun gefärbten Uniformlumpen, denen an Ärmeln, Hosenbeinen und auf dem Rücken die berühmten gelben Streifen eingenäht waren und die keinem von uns richtig passten. Dazu trugen wir ausrangierte Militärmützen über den angestrengten Gesichtern.

Plötzlich kippte mir bei irgendeiner der sinnlosen Gleichschrittübungen der Ernst. Ich kann es mir selbst kaum erklären, aber ich musste plötzlich lachen. RT bemerkte es, sprang auf mich zu, zerrte mich aus der Reihe und prügelte mit seinem Gummiknüppel auf mich ein, bis ich am Boden lag. Irgendeiner half mir auf, ich klaubte meine Mütze aus dem Staub und marschierte mit aufeinandergepressten Lippen weiter.

Eine von Hunderten Szenen dieser Art, wahrscheinlich eine der harmloseren. 260 Strafanzeigen wegen Körperverletzung gibt es gegen den Mann, der inzwischen pensioniert ist. Ehe diese Untaten verjähren, die ihm seinen traurigen Ruhm verschafft haben, soll er nun doch noch angeklagt werden.

Die beiden Männer, die mich verhören, sind entsetzt über das Ausmaß der Brutalität, die ihnen bei den Zeugenvernehmungen geschildert wurde.

Sie legen mir vergrößerte Passbilder aus den Personalakten des Zuchthauses Cottbus vor. Lächelnde Männer verschiedenen Alters in Uniform, mit offenen Gesichtern über den altmodischen Kragenspiegeln. Ich erkenne die Züge des Mannes nach fast fünfzehn Jahren auf den ersten Blick. Obwohl er auf dem Foto Jahre jünger ist als damals und die berühmte Tellerminenmütze, ohne die ich ihn nur für kurze Augenblicke gesehen habe, nicht trägt. Hubert Schulze. Ein junger Mann am Anfang seiner Karriere, im heiratsfähigen Alter.

Was ging in ihm vor, als man das Foto machte?

Wusste er schon, dass er sich damit brüsten würde, der „Klassenfeind" in Salzgitter[1] habe eine Akte über ihn? Hatte er vor Augen, dass er junge Menschen unter die Dusche binden und zwischen seinen Schlägen mit dem Gummiknüppel abwechselnd heiß und kalt abduschen würde?

Warum will ich das wissen? Warum will ich die Abgründe seiner Seele begreifen? Ich starre das Gesicht an und überlege sogar, wie er als Kind ausgesehen haben könnte.

Hubert Schulze hat nie verstanden, warum man ihn vor Gericht stellte. Ihn, der ein Leben lang der „guten Sache" gedient hatte. Der Bösewichter und Verbrecher umerziehen sollte. Der (zugegeben manchmal etwas eifrig) eine bessere Welt errichten wollte. Der verzweifelte über die Unverbesserlichen. Der am Ende hoffte, dass es keiner Gefängnisse mehr bedürfe, wenn die gute Sache siegreich zum Ziel gekommen war.

Prag von Osten aus

Wenn es mir in Greifswald unter dem Osthimmel mal wieder zu eng ums Herz wurde, ergriff ich eine „kleine Flucht". Dann fuhr ich am Freitagmittag nach Berlin und flog am nächsten Morgen von dort nach Prag.

---

[1] In Salzgitter befand sich die Zentrale Erfassungsstelle der Bundesrepublik für DDR-Unrecht.

Eine Maschine von Berlin-Schönefeld ging um 6.40 und eine um 7.40 am Samstag. Ich nahm immer die erste. Ich brauchte jede Minute, die mich für ganze 45 Ostmark heraushob aus diesem Tod im Topf. Schnell hatte ich die Wolken unter mir. Dann blieb ich eine knappe Stunde unerreichbar für ihre Nachstellungen. Eine Stunde in der Luft, die nicht nach meinen Feinden roch.

In Prag wieder runter. Vorbei an dem Denkmal für Jan Hus, der als Ketzer verbrannt wurde, gehe ich als Erstes auf den Wenzelsplatz. Wo sich der Student Jan Palach nach dem gewaltsamen Ende des Prager Frühlings aus Protest verbrannt hatte, lege ich eine gestohlene Aster nieder. Dann sammle ich ein paar Gedanken für Kafka vom Straßenpflaster. Am Veitsdom rede ich mir ein, dass er viel schöner ist als der Kölner Dom, den ich nur aus dem Fernsehen kenne. Auf dem jüdischen Friedhof behellige ich Rabbi Löw mit meinen Wünschen (man muss sie aufschreiben und in den Spalt unter seinem Grabstein schieben). Zwischendurch immer das „Tauschen, Tauschen", das mir den DDR-Bürger vom Leib wäscht (die Prager fragen nur Westdeutsche nach Westgeld) und beim „Braven Schwejk" ein dunkles Bier.

Diese Ausflüge dienten auch dazu, ein paar alte Freunde zu treffen.

Geflohen oder ausgebürgert, wohnen sie nun ein paar Straßenecken weiter im Westteil der Stadt. Die meisten dürfen den Ostteil nicht mehr betreten. Nun kommen sie mit einem Pass, gültig für alle Länder. Sie kennen meine Hoffnungen aus eigener Erfahrung.

Nach Jahren treffe ich H. Bevor er wegging, wusch

er sich mit der gleichen Seife wie ich. Er riecht anders, als wir uns in den Armen liegen. Endlich sehen wir uns, endlich können wir reden, endlich können wir schweigen. Das letzte Mal umarmte ich ihn an der Friedrichstraße, als er wegging, mit einer Entlassungsurkunde aus der DDR-Staatsbürgerschaft. Für immer entlassen. Aus unserer Ungeduld, aus unserer Angst, aus unserer gutgläubigen Zeit.

Während wir über die Brücke gehen, hinüber auf die Kleinseite zum Hradschin, bemerke ich, dass er einen anderen Schritt hat. Bald darauf, an einem Schaufenster, bemerke ich, dass er einen anderen Blick hat. Abends in der Kneipe, bei einem Bier, dass er eine andere Sprache spricht. Beim Abschied, dass sein Herz woanders hängt. Wir fliegen mit der gleichen Iljuschin zurück. Er bleibt Westler. Ich spüre in der Luft, wie der Osten langsam nach mir greift. Wie mein Herz sich krampft. Gleich wird er durch einen anderen Gang ins Licht gehen. Ich suche die S-Bahn im Dunkel.

Konterbande

Bei einer der Akteneinsichten in der Gauckbehörde fand ich eines meiner alten Oktavhefte wieder und staunte. Kurz nach meiner Verhaftung 1979 war es in Greifswald bei einer Haussuchung konfisziert worden. Das Heft hatte ich längst vergessen, nicht aber seinen Inhalt. Nun bekam ich es wieder, weil andere es unfreiwillig für mich aufbewahrt hatten. Ich hatte darin Gedichte aufgeschrieben, auch einzelne Sätze oder Absätze gebündelt, die ich unbedingt behalten wollte, wenn ich geborgte Bücher zurückgeben musste. Manchmal standen Anmerkungen dabei. Schnell hatte ich eine ansehnliche Sammlung solcher Texte. Nicht nur im Heft, sondern auch im Kopf. Haltbare Einrichtungsgegenstände für mein „portatives Vaterland". Ich übte mich da hinein.

Gleich auf der ersten Seite ein Gedicht von Bertolt Brecht:

„Wenn die Kämpfer gegen das Unrecht
Ihre verwundeten Gesichter zeigen,
Ist die Ungeduld derer,
Die in Sicherheit sind,
Groß."

Für solche Zeilen braucht man eigentlich kein Notizbuch. Sie bleiben von allein im Herzen stecken. Dann melden sie sich, wenn sie gebraucht werden. Gleich das zweite Gedicht, auch von Brecht, habe ich manchmal im Knast vorgesungen. Ich hatte es, wie viele dieser Aufzeichnungen, erst auswendig gelernt und dann aus dem Gedächtnis notiert. Hanns Eisler hat zu den Versen eine Melodie geschrieben, die sich aus Smetanas „Moldau" ein paar haltbare Töne geborgt hat.

„Am Grunde der Moldau wandern die Steine.
Es liegen drei Kaiser begraben in Prag.

Das Große bleibt groß nicht und klein nicht das Kleine.
Die Nacht hat zwölf Stunden, dann kommt schon der
Tag."

Im Strom der Geschichte sind solche Steine Inseln der
Freiheit. Auf dem Weg durch die Wüste, sagt eine Über-
lieferung, verteilte das Volk Israel Steine im Sand, um
notfalls zurückzufinden. Doch die steinernen Ortsschil-
der wanderten mit. So finden die Fremdlinge bis heute
überall auf der Welt stillen Halt in den Wegmarken Gottes.

Prag von Westen aus

Nach fünf Jahren werden wir sie das erste Mal wiedersehen. Ein paar vertraute Gesichter aus der gealterten Welt
von damals. Menschen aus der anderen Zeit. Und die
Stadt, die wir im Herzen trugen, das Symbol, die offene
Wunde unserer Hoffnung: Prag.

Wir haben das Visum in der Tasche. Das erste Mal mit
dem Auto. Nicht, wie früher, mit der Iljuschin, die immer so abenteuerlich in die Luftlöcher fiel. Jedes Mal ein
kleiner Erfolg damals, heil angekommen zu sein. An der
Grenze hinter Bayern stoppen uns Wegelagerer, offizielle
Polizisten, die sich ganz offen bestechen lassen wollen.
Feuerzeuge, „Büchsenbier", Zigaretten wirken Wunder
gegen langwierige Kontrollen und unerklärliche Wartezeiten.

Hinter der Grenze das dumpfe Gefühl, ausgeliefert zu sein, wieder in ihrem Machtbereich, aber wenigstens geschützt durch den grünen bundesdeutschen Pass. Das Land durchfahren wir im Dunkeln, wir sehen wenig von der zerstörten Landschaft, den zerfallenen Dörfern. Ein Bahnübergang erinnert uns schmerzhaft daran, wo wir sind: Das Auto setzt auf. Die goldene Stadt ist gegenüber der Erinnerung merkwürdig dunkel, die Häuser sind grauer geworden. Das Hotel, ein „Grand Hotel" mit abgeblätterter Jugendstilfassade und drei Sternen, wirkt trostlos. An die Unfreundlichkeit und Freudlosigkeit des Personals müssen wir uns erst gewöhnen.

An jeder Ecke fragt jemand, ob wir Geld tauschen können. Wir bestellen uns Knödel mit Gulasch. Das Einzige, was der Erinnerung wirklich standhält, ist das Bier.

Als wir abends noch einmal durch die Straßen gehen, wirkt die Stadt auffällig leer. Dem Prager Frühling schien ein endloser Winter gefolgt zu sein. Am anderen Morgen treffen wir Martin und Sabine, Tines Schwester.

Als wir sie das letzte Mal sahen, soffen wir ihre Gesichter in uns hinein.

Das war im Gerichtssaal in der Littenstraße in Berlin-Mitte. Nach fast einem Jahr sahen wir zum ersten Mal mehrere Menschen auf einmal: Es war unsere Urteilsverkündung. Ich schließe die Augen und habe alle Einzelheiten parat. Bevor die Staatsanwältin die Paragraphenreihe vorliest, wird Öffentlichkeit hergestellt. Für ein paar Minuten sehen wir die vertrauten Gesichter. Auf denen ist die Zeit nicht stehen geblieben wie auf unseren eigenen. Wir lesen in ihnen die Welt. Sie haben Bäume gesehen und Blumen und Kinder und Freunde. Es waren die Gesichter derer, die im Angesicht der Macht zu uns hielten. Martin. Sabine. Ich habe ihre Züge damals auswendig gelernt wie ein Gedicht. In Bruchteilen von Sekunden habe ich diese Menschen auf meinen inneren Film gezerrt. Den empfindlichen Seelenfilm, der die ganze Haftzeit über dunkel geblieben war. Ein Jahr lang ohne Gelegenheit für Lebendiges. Ich sah Augen, endlich Augen, die mich nicht belogen. Endlich offene Menschengesichter, keine Vernehmerfressen. Die Chance für gute Erinnerung, für gute Hoffnung. Es sollte für Jahre das letzte Mal sein, dass wir uns wiedersahen.

Urteilsverkündung. Das letzte Wort, das wir in diesem Teil der Welt gemeinsam hörten.

Wir sahen sie leben damals. Sie sahen uns nur fürs Leben verkleidet, herausstaffiert, in Zivil, vorher geduscht und außer der Reihe mit einer Nagelschere versorgt. Filzlatschen und ausgebeulte Trainingsanzüge, Knastsocken und kratzende Unterwäsche lagen hinter uns in der Zelle. Mitsamt den Handschellen und unseren vergilbten Träumen.

Ich sehe die Tür aufgehen und muss ja glauben, was vor Augen ist: Martin. Einer, der reinkommt und weiß, dass Blicke jetzt bis ins Herz reichen. In ein paar Sekunden versorgen wir uns wortlos mit allem, was man zum Leben braucht. Sabine im langen Rock. Blauweiß. Mir fällt auf: Ich habe vergessen, dass es lange blaue Röcke gibt. Die Himmelsfarben dieses Rockes speicherte ich schnell, um sie in der Zelle wieder rausholen zu können.

Draußen schien Sommer zu sein. Die Frage, die in unseren Augen brannte, wurde sofort beantwortet. In

Bruchteilen von Sekunden bauten uns die vergessenen Freunde eine Sonne in den dunklen Saal. Die Staatsanwältin saß im Dunkel. Als alle sich in unser Herz gesetzt hatten, verlas sie ihre Paragraphen. Dann wurde die „Öffentlichkeit" wieder verjagt. Wir trösteten uns damit, dass die Tage gezählt waren, die sie als Haftstrafe über uns verhängt hatten. Unsere ausgehungerten Seelen waren gefüttert, kein Platz für das Gift der Erniedrigungen und Beleidigungen, die nun als Urteilsbegründung stundenlang auf uns einprasselten.

Martin. Sabine. So sahen wir uns das letzte Mal. Und jetzt?

Jahre waren durch die Gesichter gezogen, Spuren. Kennt ihr uns noch? Weißt du noch, wie du mir Himmel schenktest, damals? In Prag verregnen die Farben des Morgens. Martins ewig dunkelblaue Jacke ist immer noch ewig dunkelblau. Sabines Augen sind immer noch Tines Augen, die Schwestern sehen sich noch ähnlicher als früher. Wer sind wir in dieser alten Stadt, die so gealtert ist in den letzten zehn Jahren unter dem grauen Himmel! Der Rauch von Hus schwärzt den Himmel, der von Jan Palach auch, seinem fünfhundert Jahre jüngeren Mitstreiter. Der Student, in dessen Flammen unsere Hoffnung verbrannte, nach dem kurzen Frühling auf dem Wenzelsplatz. Einer gegen eine ganze dunkle Bruder-Armee.

Wer sind wir heute in dieser Stadt, in der die Panzer damals aus Zuversicht Entsetzen machten? Wir gehen zum Grabstein von Rabbi Löw und legen ein paar schwere Steine dazu.

Bei ein paar Bier im Ufleko sehen wir zu, wie wir uns

wiederfinden. Langsam, aber tief. Wir freuen uns, dass wir uns noch kennen.

Der eigene Ton

Nach der Anmeldung zum Examen bei der Evangelischen Kirche von Westfalen bekam ich eine Vikariatsgemeinde zugeteilt und wurde vom Landeskirchenamt aufgefordert, den zuständigen Pfarrer aufzusuchen, um erste Absprachen zu treffen. Ich schob den Besuch so lange wie möglich vor mir her. Was ist, wenn ich durchfallen sollte? Wie könnte ich ihm dann noch unter die Augen treten? Ich nahm einen Gottesdienst zum Anlass, um meinen möglichen Vikariatsleiter kennenzulernen.

Der mir vom Landeskirchenamt zugedachte Pastor war ein Mann der ersten Stunde. Einer der Letzten, die den Krieg noch von allen furchtbaren Seiten kennengelernt hatten. Ein Pommer, hinter dessen Rücken Pommernland abgebrannt war. Nach der Gefangenschaft hatte es ihn nach Westfalen verschlagen. Ein Heimkehrer ohne Zuhause, der außer offenen Fragen und dem „Dennoch" des 73. Psalms nicht allzu viel Haltbares aus dem Konfirmandenunterricht durch die Front gerettet hatte. Nach dem Predigerseminar war er nach Münster gegangen, wo er eine der ersten evangelischen Gemeinden übernahm. Flüchtlinge wie er, gerade erst angekommen, waren nicht gern gesehen. Protestanten im Münsterland, das waren seltene Ausnahmen. Er bewohnte ein Zimmer in einer Gaststätte. Später wurde eine kleine Kirche gebaut. Noch später ein Pfarrhaus. Ohne „Wenn" und „Aber" teilte er mit den vom Krieg ausgehungerten Gemeindegliedern seine Träume, seine Zweifel, seine Wut und seine fröhliche Hoffnung. Als anstößig galt er dank seiner klaren Haltung, als treu dank pommerscher Beharrlichkeit und der dazugehörigen Weitherzigkeit. Als fleißiger Theologe kannte er seinen Luther und hatte gut gelernt, wo Gott nicht wohnt.

Als ich mich das erste Mal beklommen unter seine Kanzel schlich, traf mich seine Predigt voller Wucht mitten in meinen Fragen: Kann ich in dieser Kirche Pastor werden? Ist ihr Christus meiner? Sind ihre Ziele, Ordnungen, Auflagen mit meinen Hoffnungen in Einklang zu bringen? Meine Zweifel waren damals beharrlicher als mein Glaube.

Johannes der Täufer im Gefängnis. Das war sein Text. Der Pastor ahnte gar nicht, mit welchen Erwartungen ich ihm zuhörte. Er formulierte und verwarf erdachte Briefe, die seine Gemeinde mit ihren Vorstellungen in die Zelle des Täufers schicken könnte. Ich habe es noch im Ohr wie heute:

„Lieber Johannes!"

Und dann kamen sie, die hilflosen Wünsche, die billigen Tröstungen, die psychologischen Lieblosigkeiten, die halbherzigen Einfühlungsversuche einer reichen Kirche an die Adresse des gefangenen Täufers. Es fehlte nichts von dem, was mich damals in meiner Zelle gequält hätte: die schreckliche Distanz der Wörter. Vieles, was mir aus dieser westlichen Kirche immer wieder entgegenschlug. Höfliches, Artiges, Amtliches, Unverbindliches, Abgesichertes, falsche Barmherzigkeit. Der anhaltende Versuch, die Wahrheit abzumildern, die von einer verschlossenen Tür ausgeht.

Der nichtssagenden Wortvielfalt setzte er dann das Wort entgegen. Auf einmal waren sie da, die Spuren der Hoffnung, aufgelesen in der Zisterne des Jeremia, Lebensmut, aufgefunden in der Todessehnsucht des Elia, Freiheit unter dem Joch der unzähligen namenlosen Propheten. Zuflucht noch hinter den Verzweiflungen eines Hiob, klare Ziele über die flutenden Bilder eines Hesekiel hinaus. Zuversicht bis in den verlassenen Schrei des gekreuzigten Gottes. All das hatte der Prediger geschickt verschwinden lassen unter den gut gemeinten Aufmerksamkeiten rücksichtsvoller Briefschreiber. Nichts von dem, was auf den breiten Rändern der Bibel geschrieben steht, war in diesen Briefen zur Sprache gekommen. Nichts von dem, was Menschen über Generationen mit zitternder Hand zwischen die Zeilen dieses zerlesenen Buches geschrieben hatten. Nichts von der eigenen Angst vor dem Tod, der eigenen Gottesferne, der eigenen Ungeduld, der eigenen Hoffnung war in die Zelle des Täufers gelangt.

Und dann benannte der Pastor den Grund: Der eigene Ton fehlte. Wo der fehlt, bleibt das Evangelium trotz aller schönen Worte stumm. Der eigene Ton! Nie wieder habe ich eine solche Predigt gehört. Sie zeigte mir, wo ich hingehörte. Sie öffnete die Tür, die mir bis dahin verschlossen geblieben war, die letzte und wichtigste. Die Tür zur Kirche im Westen. Ich war angekommen.

Gefängnisseelsorge Fünf

Im Fach Seelsorge im Zweiten Theologischen Examen saß mir ein Prüfer gegenüber, der mich auf Herz und Nieren und im Teilgebiet Gefängnisseelsorge abfragte. Ich sagte ihm, für die wichtigste Hilfe in der Einsamkeit der Zelle hielte ich die Bibel. So hatte ich es selbst erlebt. Meine tiefste Furcht war doch, dass sie mir die Schrift nehmen würden. Als ich im Arrest saß, war es so weit. Ich hockte in einem Käfig und hatte nur noch die auswendig gelernte Erinnerung an Gott. So verloren habe ich mich nie wieder in meinem Leben gefühlt. Sie hatten mir die Bibel weggenommen.

Der Prüfer, ein studierter Theologe, war aber wohl anderer Meinung. Er fand es sogar völlig abwegig, den Gefangenen mit der Heiligen Schrift „zu nahe zu kommen". Jedenfalls gab er mir nach längeren Disputen eine Fünf in Gefängnisseelsorge! Mir, der ich 430 Tage weniger einen selbst ausprobiert hatte, was einem Gefangenen fehlt, wenn er im Rücken den Stecken des Treibers und vor Augen ein zugemauertes Fenster hat. Eine Fünf! Jeder wird verstehen, dass man über so einen Scherz in so einer Situation überhaupt nicht lachen kann.

Ich sprach zu mir in meinem Herzen: Hier darfst du alles sagen, nur nicht die Wahrheit. Christen wohnen weit auseinander, auch im Landeskirchenamt.

Gottes Leibjurist

Nach einigen Wundern und vielen Widrigkeiten hatte ich den Weg ins Vikariat genommen. Inzwischen hatte ich einen kleinen Sohn und ein kleines Gehalt.

Einer bevorstehenden „Absenkung" der Vikarsbezüge sollte jeder entrinnen, der nachweisen konnte, dass er durch einen „unverschuldeten Zeitverlust" dieser Maßnahme ausgesetzt wäre. Ich habe das Juristendeutsch nie verstanden. Aber so viel begriff ich: Leute, die Wehrdienst oder Zivildienst geleistet hatten, durften einen solchen „unverschuldeten Zeitverlust" geltend machen. Ich meldete nun an, dass ich ebenso unverschuldet im DDR-Gefängnis gesessen hatte. Niemand wird bezweifeln, dass ich stattdessen lieber Zivildienst geleistet hätte.

Ein landeskirchlicher Jurist aus Bielefeld eröffnete mir, dass mein Gefängnisaufenthalt leider nicht als „unverschuldeter Zeitverlust" angerechnet werden könne. Auf meine Frage, wie denn verfahren worden wäre, wenn ich in der „Nationalen Volksarmee" den „Ehrendienst mit der Waffe" abgeleistet hätte, erklärte er: Da der Dienst in der NVA als Dienst in einer deutschen Armee zu betrachten sei, hätte er mir im Gegensatz zu einer Gefängnisstrafe wohl angerechnet werden müssen.

Das Beispiel, das ich ihm nun vor Augen stellte, hätte jeden vernünftigen Menschen überzeugen müssen. Wenn ich, statt im Knast als DDR-Grenzsoldat auf irgendeinem Turm an der Mauer gesessen und den Schießbefehl befolgt hätte, wäre mir dies jetzt aus der kirchlichen Gehaltskasse mit etwa fünfhundert Westmark zusätzlich vergütet worden! Ich bezweifle dass sich der gebildete Jurist mit seiner seltsamen „Zwei-Reiche-Lehre" auf göttliches Recht berufen kann. Aber vom Rechthaben lebt er nach wie vor.

Ich schwor mir, das Landeskirchenamt nach dem Examen niemals mehr zu betreten.

Don Quijote und der Menschensohn

Es ist gefährlich rebellisch, wenn ein fester Glaube die erhoffte Welt gegen alles ausspielt, was ihm unter die Augen kommt. Diesem Vorgehen hält keine Wirklichkeit auf Dauer stand. Die vorgefundene Welt mitsamt ihren Ordnungen und Ordnern gerät in eine Schieflage. Die Empörung eines Einzelnen gegen eine nach Bürokratenrastern ausgerichtete Welt ist der erste Schritt in die Freiheit.

Eine überraschende Bestätigung fand ich in einem Predigtband der 1970er-Jahre: „Ich habe ihn reiten sehen über wundes, brennendes Land ... ich habe sein Antlitz gesehen ... wie ein Schrei, ein untergehendes Licht: Don Quijote de la Mancha. Die Jahrhunderte sind ausgelöscht und er ist wieder unterwegs auf dieser Erde, die er wohl nie mehr verlässt ..." Weiter heißt es, „... dass in Don Quijote ein Abbild des Menschensohnes selbst vor uns steht, und dass der Christ ihm auf gleichem Wege nachfolgt ..."

Die zitierten Zeilen entstammen dem Tagebuch des Soldaten Michael Brink, der 1945, kurz nach seiner Entlassung aus dem KZ Ravensbrück, starb.

Der kühne Vergleich ließ mich aufhorchen. Nicht nur Christus, auch der „Ritter von der traurigen Gestalt" kann die brennende Erde nicht verlassen.

Vor diesem Hintergrund geraten die Aktionen des furchtlosen Ritters in ein anderes Licht. Hinter ihnen steckt der tiefe Glaube, dass die Welt nicht so bleiben kann, wie sie ist. Er revoltiert, indem er alles, was ihm begegnet, seinen Vorstellungen anpasst.

Alles muss mitwirken in seinem grandiosen Weltveränderungsdrama. Eine Schafherde wird zur feindlichen Armee, Windmühlen zu bedrohlichen Ungeheuern, ein Gastwirt wird Schlossherr und eine Stallmagd Kaiserin. Unter den falschen Voraussetzungen einer falschen Welt tut dieser komische Ritter mit heiligem Ernst immer genau das Richtige. Sein Glaube schafft sich eine andere Welt und verschafft sich so Gehör.

Spätestens hier trifft Don Quijote auf den Menschensohn Jesus. Der reitet auf einem Esel. Und sein Gott spricht eine deutliche Sprache. Wenn es sein muss, auch aus dem Mund von Bilderbuchrittern und Romanhelden.

Der Verlust der Mitte

Nur eine Stiege hinauf und ich war auf Augenhöhe mit der ganzen Welt. Auf dem Speicher des alten Pfarrhauses lag eine ehrwürdige, zerlesene, in Fraktur gedruckte Bibel. Äußerlich unansehnlich durch Gebrauchsspuren, fehlenden Rücken und zerfaserten Schnitt, gab das dicke Buch nicht sofort preis, welche Schätze es barg. Neben getrockneten, sorgsam gepressten Pflanzen, deren Alter nicht erkennbar war, fand ich Hunderte, auf die breiten Ränder geschriebene Bemerkungen, Erinnerungen und Zitate. Vieles war verblasst, manches wirkte schnell hingeworfen. Einiges war schwer zu enträtseln, anderes reinlich mit spitzer Feder sorgsam auf das Papier gezeichnet.

In vielfältigen Handschriften zeigte eine längst vergangene Glaubenswelt ihr lebendig gebliebenes Gesicht. Einzigartige Schriftzüge, meist an ein Bibelwort gelehnt, gaben Auskunft über Seelenangst und Glaubenshoffnung, Verzweiflung oder Lebenskraft. Zwischen den Nachbarn auf dem Papier lagen im richtigen Leben ganze Welten. Ich buchstabierte mich in fremde Schriften, die auf dem vergilbten Papier ineinander liefen. Manchmal stand dort nur ein Name, ein Geburts- oder Taufdatum. Direkt daneben, mit zitternder Hand geschrieben, der Name eines verschollenen Kindes. Drei Vornamen, drei Kreuze und ein unleserlicher Ort in Frankreich. Ein Gebet, eine Liedzeile, ein Halbsatz aus einer Predigt. Oft waren es nur wenige Worte. Aber immer enthielten sie die ganze Welt. Nie stand dort weniger als die nackte Angst, der tiefe Schmerz, die vollkommene Freude. Die sich hier schreibend vereinigt hatten, konnten einander nie begegnet sein. Aber ihre Hoffnungen waren an dasselbe Wort gebunden. Manchmal sprangen Ohnmacht, Gewissheit und Heimweh gleichzeitig aus einem Psalmvers und trafen mich, als wären sie in der eigenen Seele gediehen. Die Ränder des Wortes sind die Ränder des Lebens, lernte ich an den langen Nachmittagen – und noch etwas: Der einzig wahre Wegweiser des Glaubens ist die Erfahrung. Martin Luther nennt sie sogar die Schule des Heiligen Geistes: „Außerhalb dieser Schule wird nichts gelehrt als Scheinworte und Geschwätz."

Warum ist unter uns vieles so nichtssagend und ausdruckslos geworden? Über aller Geschäftigkeit steht unsere Kirche in Gefahr, ihre Mitte zu verlieren: das Wort. Was geschieht, wenn das Wort weder als Befreiung noch als Verheißung, weder als Freude noch als Trost die Ordnungen des Lebens durchdringt? Lebt die Kirche dann noch? Lebt Gott?

Alle Institutionen sind ähnlichen Gefahren ausgesetzt. Zuerst tritt an die Stelle lebendiger Ziele ein Apparat. Es folgt zentralistischer Organisationsdrang. Fast immer steht am Ende grundlose Gründlichkeit. Inzwischen ist das Verwaltungswesen so perfektioniert, dass der Eindruck entsteht, auch die Kirche käme keinesfalls ohne Stempel, Papier und Telefone, aber ganz gut ohne ein klares Wort und ohne die Erfahrung aus. Gott sei Dank treibt Gott selbst von Zeit zu Zeit Wechsler aus Tempeln oder verwirrt ein paar großspurigen Funktionären die Sprache.

Gesang tief innen

„Wenn einer singt,
soll er nicht nur mit seiner Seele singen ...
Er muss der sein, der sich vom Boden hebt,
Aus eigner Kraft. Was nie gelingt,
In Wirklichkeit, muss ihm gelingen:
Wenn einer singt, so muss er singen
Gegen die Schwerkraft und den Tod."

Mich freuen diese Zeilen von Eva Strittmatter, weil sie zeigen, dass manches Wort erst sein Gesicht bekommt, wenn es gesungen wird. Seit der Befreiung des Volkes Israel aus der Sklaverei stehen Lieder wie Leitern am Himmel. Alles Echte wird den eigenen Ton nicht los. Der Marienkirche, an der ich seit einigen Jahren Pastor bin, ist dieser Ton in die Wände gegangen. Anderswo hat er Wände gesprengt. Paulus und Silas sangen sich mit eben diesem Ton in römischen Gefängnissen die bleierne Furcht aus den Seelen und überholten mit ihrem Singen alle Wirklichkeit (Apostelgeschichte 16). Der Ton der Sehnsucht hat sich seit dem Aufbruch aus Ägypten kein bisschen geändert.

Nach dem Dreißigjährigen Krieg singt sich Paul Gerhardt aus der gebrochenen und verbrannten Erde seine Auferstehung zusammen: „Ich lag in schweren Banden, du kommst und machst mich los." Die ganze Welt wird freigekämpft in zwei unscheinbaren Zeilen aus Bachs Johannespassion, die niemand vergessen kann, der sie nur ein einziges Mal mitgesungen hat:

„Durch dein Gefängnis, Gottes Sohn,
muss uns die Freiheit kommen."

Es ist dieser Ton der Freiheit, an dem schon ein kleines Kind treffsicher zwischen echter und schlechter Musik unterscheiden kann. Die Südamerikaner nennen das „Cante Jondo", Gesang von tief innen. Er findet sich immer von selbst ein. Er wird frech oder sanft. Jedenfalls lässt er sich nicht zum Schweigen bringen.

Manchmal möchte mir inmitten der Bilder und Töne, die mich ungebeten umgeben, Hören, Singen und Sehen vergehen. Aber die Freiheit bedient sich derselben Noten. Sie muss immer neu herausgehört und sogar eingeübt werden. Sie verstummt sonst. In ihr treffen wir zart und genau unseren eigenen Ton.

Grenze

Zugdurchsage mit sächsischer Melodie: „Meine Damen und Herrn, in wenigen Minuten erreichen Sie Helmstedt." Eine Zugdurchsage, die in meinen Ohren noch immer ungewöhnlich klingt. Helmstedt ist eingebrannt als letzte Bastion vor der Zonengrenze. Hier war das Ende der Welt. Verrufen als Zonenrandgebiet, war die ehemalige Universitätsstadt zu einem Provinznest heruntergekommen, in dem keiner mehr wohnen wollte. Man konnte es nur in der Richtung verlassen, aus der man hineingekommen war. Mancher hat Helmstedt nie erreicht, für andere war es wohl erreichbar, aber nie ein Ziel.

Ich erinnere mich an die Autofahrten der Kindheit. Wie von dort plötzlich die Westautos einfielen und ein blitzendes, farbenfrohes Gastspiel gaben. Wir verglichen die Marken und die Insassen und bewunderten bei beidem die Vielfalt. Andere Menschen, die anders in ihren anderen Autos saßen, mit anderen Gesichtern und anderen, wohl lichteren Zielen. Freundlich winkend die einen, manchmal mitleidig, gleichgültig oder verbissen die anderen. In der Nähe von Potsdam dann ein Schild: Transit Berlin oder auch: Letzte Abfahrt für Bürger der DDR. Mit den Autos verschwand die Farbe aus der Landschaft, graue Langeweile setzte ein.

Als wir Helmstedt verlassen, sehen wir die Überreste der ehemaligen Zonengrenze bei Marienborn. Ein sinnloser Weg aus Betonplatten unter einer Allee von Laternen, Kontrollgebäude mit zerschlagenen Scheiben, ein einsamer Grenzturm, brutal in die Landschaft gepflanzt, droht in letzter aggressiver Einsamkeit.

Über die Mauerwunde wächst langsam gelbes Gras.

Über die Löcher in meiner Seele nicht. Vierundzwanzig Jahre eingesperrt, zehn Jahre ausgesperrt. Von beiden Seiten habe ich die ganze Wirksamkeit dieser Demarkationslinie erfahren.

Mein Einreiseverbot hätte länger gehalten als die DDR. Es war bis auf Weiteres festgeschrieben bis 12/1999. Weiter reichte der Stempel nicht.

Helmstedt war anders. Es war das Symbol für das Ende des Machtbereichs der allmächtigen Greise.

Es wird noch lange dauern, bis das Gras wieder grün ist, das in ihren Grenzen wuchs.

Gerufen oder ungerufen

Während meiner Lehrzeit in Berlin, Ende der Siebzigerjahre, stieg ich manchmal, wenn ich Spätschicht hatte, am Dorotheenstädtischen Friedhof aus der Straßenbahn und besuchte ein paar alte Freunde. Wegweiser war das schöne Lied von Wolf Biermann, das wir alle auswendig konnten. Ein solcher Ausflug in die jüngere Kultur- und Geistesgeschichte kostete mich damals nur zwanzig Pfennig Ost für die Straßenbahn von Pankow nach Mitte. Ich besuchte die Philosophen Hegel und Fichte nicht ohne Ehrfurcht, die Dichter Bert Brecht und Heinrich Mann nicht ohne Staunen, den Komponisten Hanns Eisler oder die Schauspielerin Helene Weigel nicht ohne Bewunderung. Ihre Gräber liegen nur wenige Schritte voneinander entfernt, aber Gedanken trennen wohl auch in jener Welt noch Welten. So haben sie auch in der Ewigkeit noch genug Stoff für manchen lebendigen Streit.

Der alte Friedhof ist nun, von Westfalen aus gesehen, in die Ferne gerückt. Die Menschen dort rücken mir aber immer näher. Bei meinem letzten Besuch waren die meisten Gräber noch zu frisch für ein Monument.

Gleich zu Anfang traf ich auf den DDR-Dissidenten Rudolf Bahro. Ende der Siebzigerjahre öffneten ein paar abgeschriebene Seiten seines verbotenen Buches „Die Alternative" mir die Augen und kosteten mich tagelange Verhöre. Unweit liegt nun Thomas Brasch. Der Dichter wohnte gleich um die Ecke in Pankow und nach seiner Ausreise nur wenige Straßen entfernt in Westberlin, wo er es vor Heimweh kaum aushielt. In seiner Nähe finde ich die tapfere Bürgerrechtlerin Bärbel Bohley, den übermütigen Dramatiker Heiner Müller und die (nicht immer mutige) Christa Wolf. Wo wäre ich ohne diese (sehr unterschiedlichen) Wegweiser gelandet? Auch Günter Gaus liegt am Weg, der erste „Ständige Vertreter" der Bundesrepublik aus der Zeit, als die Mauer noch ewig stand. Zuletzt besuche ich Johannes Rau.

Auf der Heimfahrt wird mir leichter. Ich stelle fest, dass niemand von den mir so wichtigen und vertrauten Menschen auf dem Friedhof zurückbleibt. Ich begegne ihnen, höre und sehe sie in Gespräche verwickelt, in Gedanken vertieft. Nicht der Friedhof, sondern die vertraute Welt unseres Alltags birgt und bewahrt in vielfachen lebendigen Bildern die geliebten Menschen, die in uns weiterleben. Der Tod hat eben nicht das letzte Wort.

Ein Friedhof ist der Ort, an dem ich viel Mut brauche, meiner eigenen lebendigsten Hoffnung ins Gesicht zu sehen. Ich denke dann immer häufiger an die Inschrift über der Tür des Psychoanalytikers C. G. Jung: „Gerufen oder ungerufen – Gott wird da sein."

Von welchem Gott reden wir eigentlich?

Im letzten Jahr besuchte ich die evangelische Gemeinde in Tiflis. Aus dem weiten Umland kamen Leute dorthin, in die schöne, neu gebaute Kirche. Wir sangen russisch, georgisch und deutsch: „Verleih uns Frieden gnädiglich" und waren fröhlich und lebendig. Dann kam der Krieg nach Georgien zurück. Zum dritten Mal.

Lebt der Chorleiter noch? Die Organistin? Die Dolmetscherin? Was ist aus dem Bürgerrechtler geworden, der in Geheimdienstakten Spuren und Namen Verschwundener sicherte? Zwischen den Einschüssen im Häuserputz, den Betonskeletten und zerborstenen Straßen gedieh freudige Sehnsucht nach dem Europäischen Haus. Wo sind all diese Menschen jetzt?

Ich muss an den georgischen Dichter Bulat Okudschawa denken. Sein Vater wurde erschossen, die Mutter verschwand im Lager. Er selbst tauchte unter. Seine Texte wurden verboten. Eines seiner schönsten Liebeslieder beginnt mit „splitternacktem Herzen" und endet mit folgenden Zeilen:

„Ach, der erste Krieg, da ist keiner schuld,
Und beim zweiten Krieg, da hat einer Schuld,
Doch der dritte Krieg ist schon meine Schuld,
Ist ja meine Schuld, meine Mordsgeduld.

Ach, der erste Verrat kann aus Schwäche geschehn,
Und der zweite Verrat will schon Orden sehn,
Doch beim dritten Verrat musst du morden gehen,
Selber morden gehen, und das ist geschehn!"

Von welchem Gott reden wir eigentlich? Nicht nur in Georgien hat Gott ein splitternacktes Menschenherz. Nicht nur in Peking wird er verraten. Nicht nur in Tibet wird er ermordet. Von dem reden wir.

Mein Dorf

Nun bin ich, nach vielen Um- und Irrwegen und trotz aller gebotenen Vorsicht, doch noch Gemeindepfarrer im Westen geworden und geblieben.

Die Feste des Kirchenjahres, Beerdigungen, Taufen und Trauungen bescherten mir ein Zuhause im Beruf und bei den Menschen. Die anfängliche Neugier auf die sogenannte Volkskirche, die unter den DDR-Verhältnissen ja völlig verschwunden war, zog uns nach Ostwestfalen. Das Dorf, das wir wählten und das mich dann als Pfarrer wählte, schien die Erwartungen zu übertreffen. Eine geistliche Erweckung, die im 19. Jahrhundert in diesem Gebiet stattgefunden hatte, ließ noch Spuren erkennen. Der kirchliche Zusammenhalt gehörte noch zum guten Ton. Die Gemeinde nahm uns freundlich auf, ein geräumiges Pfarrhaus und gute Arbeitsbedingungen erwarteten uns. Das dörfliche Leben erleichterte vieles und öffnete dem noch jungen Pfarrer die meisten Türen.

Die Ostwestfalen sind von liebenswürdiger Sturheit. Fremd war mir die Vorstellung, erfahrenen Menschen, die über Generationen durch ihre bäuerliche Tradition geprägt sind, mit meinen Gedanken Heimat im Glauben geben zu können. An vielen Stellen wird das auch gründlich schiefgegangen sein. Wie alle Berufsanfänger wusste ich natürlich manches besser als der liebe Gott.

Bei meiner ersten Predigt war die Kirche bis auf den letzten Platz besetzt. Posaunenchor, Flötenkreis und Kirchenchor und ein kräftiger Gemeindegesang bereiteten mir einen feierlichen Empfang. Ich hatte einen Moment lang den Eindruck, dass nicht nur ich, sondern auch der liebe Gott sich in Ostwestfalen ganz zu Hause fühlen könnte. Nach dem Gottesdienst kam einer der Kirchenältesten, ein Autoschlosser, auf mich zu und sagte freundlich: „Ihre Fremdwörter müssen Sie sich aber noch abgewöhnen!" Auf meine erstaunte Frage, welches Fremdwort ich gebraucht hätte, kam die klare Antwort: „Denken Sie vielleicht, ich merke mir die auch noch?" Diesen kostbaren Denkzettel habe ich nie mehr vergessen und bis heute beherzigt.

Leider ist es auf dem Lande besonders augenfällig, wenn der Glaube nach und nach aufhört, dem Leben die Form zu geben. Der Ersatz ist meist dürftiger und manchmal einfältiger als in den Städten und die Leere tritt offener zutage. Die Vielfalt der Städte deckt manches zu. Aber in den Dörfern erkennt man sich gegenseitig an den Wegen und Gewohnheiten. Das Innere kann sich im Äußeren nur schlecht verstecken.

Nach dem Krieg wuchs die Einwohnerzahl auf das Doppelte an. Die Verwalter waren restlos überfordert. Die alten westfälischen Fachwerkhöfe, die dem Dorf jahrhundertelang Gesicht und Mitte gegeben hatten, mussten einer neuen Bebauung und breiten Straßen weichen. Mit seinem Gesicht verlor das Dorf auch viele Wurzeln und Prägungen. Die Menschen leiden unter dem Traditionsabbruch. Deshalb wissen sie auch genau, warum es gut ist, wenn man die Kirche im Dorf lässt.

Muss ich als Pastor das sein, was wirkliche Pastoren immer waren? Ein Störenfried? Inzwischen hatte ich mich eingelebt. Und doch blieb mir ein besonderes Heimweh, das ich nicht beschreiben oder erklären kann. das aber nie zur Ruhe kam.

Ich habe die Bibel gefressen

Bis heute erschüttert es mich, wie teuer ein einziges Wort plötzlich sein kann. Von einem Augenblick auf den anderen galt die Bibel als „Vergünstigung", was sie auch war. Und ich hörte Gott sagen: „Du Menschenkind, du musst diese Schrift, die ich dir gebe, in dich hinein essen und deinen Leib damit füllen" (Hesekiel 3,3). Das war leichter gesagt als getan, denn schließlich konnte sich die Gunst der Wächter jederzeit ändern.

Jawohl, ich habe die Bibel gefressen, immer wieder, Seite für Seite. Wenn ich Hunger hatte, war sie mein Brot. Darum schreckte ich manche Nacht auf beim Lichtwurf, weil ich fürchtete, ich wäre der Vergünstigung nicht mehr wert. Ich hatte große Angst, eines Morgens aufzuwachen, und die Bibel wäre fort. Ich verbarg sie nachts unter dem Laken. Ich wusste, dass sie während der Verhöre die Zellen durchsuchten.

Einmal träumte ich, ich stünde inmitten meiner Gemeinde ohne Bibel. Plötzlich hatte ich nichts mehr zu sagen. Es dauerte nicht lange und ich fand keine Worte mehr. Ich musste der Gemeinde alles Wesentliche schuldig bleiben. Es gab nur noch Nettigkeiten auszutauschen. Was wäre eine Taufe ohne Evangelium, eine Trauung ohne Segen, eine Beerdigung ohne Trost? Durch nichts könnte ich es ersetzen. Ein Pastor kann die Sprache verlieren oder den Glauben, wie jeder andere Mensch. Dann ist er ein Fremdling in Gottes Wohnung. Eine schlimme Vorstellung.

Boote und Boten

„Die Keimzellen eines unabhängigen Lebens sind wie kleine Boote im Ozean der Ohnmacht. Sie werden vom Wellengang hin und her geschleudert. Doch sie tauchen immer wieder auf. Sie sind sichtbare Boten des Überlebens in der Wahrheit" (Václav Havel).

Dieses schöne Bild fand ich in der Biografie des ehemaligen tschechischen Präsidenten und Bürgerrechtlers. Jede dieser Zeilen ist voller Sehnsucht. Aber jedes Wort ist auch umlagert von teuer bezahlter, ernüchternder Diesseitigkeit. Der adventliche Bezug liegt besonders nahe, denn eines der ältesten Lieder in unseren Gesangbüchern hat die Ankunft des Gottessohnes auf ein Schiff verlegt.

Die Wahrheit hat immer einen eigenen Lebenslauf. Und zwar lange, ehe sie sich entfaltet. Bevor sie zur Wirkung kommen kann, hat sie einen weiten, oft unsicheren Weg hinter sich, meist voller Mühsal. Aus dem Ungeordneten ins Ungewisse. Hinnehmen und Hergeben, Jubeln und Verstummen, Tränen und Glück, Streit und Friede, Not und Tod lösen einander ab. Billiger ist weder die Wahrheit noch der Advent zu haben.

Es gibt radikale Veränderungen, die ein ganzes Leben umwandeln können. Sie beginnen eher beiläufig und unscheinbar. Man muss sie nur für möglich halten. Man muss sie wahrnehmen und ausprobieren. Und – wie die kleinen Boote im Ozean der Ohnmacht – muss man sich selbst leicht nehmen und loslassen können, auch auf die Gefahr hin, den Halt zu verlieren. Martin Luther hat diese Botschaft mit einem besonderen Wegweiser versehen: „Gott kann uns nicht anders bekannt werden – als einer, der in die Tiefe geht zu den Niedrigen."

Beten lernen – Wortwagnisse

Wortwiege

Das Leben auf dem Lande brachte es mit sich, dass meine Wiege mitten in der Gemeinde stand. Neben Milch und Brot gab es reichlich Lieder, Geschichten und Gebete. Ich wuchs in eine freundliche, bergende Wortwelt hinein, deren Wörter mitwuchsen, indem sie immer wieder von Neuem ihren Sinn entfalteten oder verschenkten. Freudiges und Tröstliches bewahrte und bewahrheitete sich in allem, was mir vor Augen und Ohren kam, das meiste, ehe ich es verstehen konnte. Mein Glaube schlug die Augen auf und erwachte in Luthers Bibelsprache und den Liedern Paul Gerhardts.

Dem ehrwürdigen Pfarrhaus am Nordrand von Berlin wuchsen im Sommer erst Klatschmohn und dann Stockrosen ins Fenster. Der Himmel türmte Wolkenberge in die platte Landschaft. Der Herbst polterte mit Erntewagen übers Kopfsteinpflaster und fegte in der Abenddämmerung Laub in die üppigen Kartoffelfeuer. Der Winter malte im Advent zarte Eisblumen ans Fenster. Bis schließlich auf der Friedhofswiese mit tausend gelben Glocken der schöne Ostertag herbeigeläutet wurde.

Zwischen Blumenbeeten und ehrwürdigen Linden, auf Streuobstwiesen und Kuhweiden habe ich immer von Neuem diese leuchtende Partitur des lieben Gottes auswendig gelernt. Ehe das erste Gebet über meine Lippen kam, war die Welt schon voll von Gott. Staunendes

Stammeln war die erste dankbare Antwort auf diese heiteren Geschenke der wachsenden Gnade Gottes.

Wortwahl

Ich habe nicht gleich alles verstanden, was sich dann wortweise den Weg in meine Seele suchte. Was gesprochen wurde, plapperte ich nach und konnte das meiste aufsagen, ehe ich es erfasste.

Viele Worte lagen mir lange stumm auf der Seele, bevor sie ins Herz fielen, um dort zu ruhen oder einen Aufruhr anzuzetteln. Andere begannen sofort zu sprechen. Aber alle deuteten die Welt um. Bis heute verbinden sich vergessen geglaubte Eindrücke mit verblassten Bildern oder verklungenen Tönen zu überraschenden Wahrheiten. Bruchstücke von Gebeten und Liedzeilen, die abends an unseren Kinderbetten erklangen, sind bis heute abrufbar. Später blieb vieles fest verbunden mit dem Klang des altersschwachen Klaviers im Studierzimmer meines Vaters, das die Stimmung nur mäßig hielt. Die Abendsonne stand in den Fenstern und malte goldene Kringel auf die dunklen Buchrücken, während wir sangen. Manchmal riefen diese sehr irdischen Töne sogar himmlische Boten um unsere Betten, wenn Luthers Abendsegen verklungen und dem „bösen Feind" alle Macht genommen war.

„Gott lass euch selig schlafen, stell euch die güldnen Waffen ums Bett und seiner Engel Schar". Diese Worte Paul Gerhardts dürften wohl an keinem Kinderbett in den Pfarrhäusern der Mark Brandenburg gefehlt haben. Nie und nirgendwo fühlte ich mich sicherer geborgen als in diesen gesungenen oder gesprochenen Kindheitsgebe-ten. Sie glichen einem Himmelbett. Bald fanden sich auch die erwachsenen Worte des Glaubens in meinem Alltag ein. Aber sie bestätigten nur, was mir unsere friedliche Insel mitten im Dorf schon längst verraten hatte. Beten ist Hinhören. Gott sprach fröhlich durch die Blume, un-überhörbar im Sommergewitter, vollendet im Jubel der Lerche und unnachahmlich im Gelb des Ginsters. Die Jahreszeit bestimmte die Wortwahl. Und täglich, pünkt-lich und verlässlich früh um sechs duftete ohne Wenn und Aber die Erfüllung der vierten Bitte des Vaterunsers aus der Backstube der Bäckerei über die Straße. „Unser tägliches Brot …"

Wortwaage

Später legte ich die Welt vor dem Beten schon mal auf die Wortwaage. Irgendwann hat dann diese Waage versagt. Die Welt war zu schwer geworden für meine Gebete. Sie schwankte, die Fahnen klirrten und alle meine Gebete fielen unsanft vom Himmel wie erschöpfte Engel. Die vordringlichen und die nachgesprochenen, verworrenen, zusammengereimten und einstudierten. Aber auch die vergessenen und beabsichtigten Gebete stürzten auf mich ein.

Übrig geblieben sind nur die verzweifelten, die ver-schwiegenen, die verlegenen und, seltsamerweise, die geträumten Gebete. Das war viel zu schwach für das Ge-wicht der ganzen Welt.

Wortöhr

Wenig später, gleich nach der Buchhändlerlehre, bezog ich eine Internatsschule für evangelische Zöglinge. Niemand dort interessierte sich für meine zu Bruch gegangenen Gebete. Alle hatten ihre eigenen. Die meisten kamen ja, wie ich, aus einem Pfarrhaus. Im Schatten ihrer Kirchtürme waren vielen dieser behüteten Pastorenkinder die Gebete buchstäblich ausgegangen. Nicht das gottlose Umland, die allzu selige Insel hatte uns alle zu Anfängern im Glauben und Analphabeten im Gebet werden lassen. Überspielte Unsicherheit oder aufrichtige Vorsicht ließen uns lieber gar nichts als zu viel sagen. Es gibt ja Gebete, die eher bange machen als befreien, und andere, die sich gekonnt verbeugen. Die schlimmsten aber sind die, die eine Billigung widriger Umstände enthalten. Sie machen die Zuversicht zur Wortenge. An ihnen ist zu lernen, dass Gewissen und Gewissheit nicht zwangsläufig gute Nachbarn bleiben müssen.

Ein letzter Ausweg aus der Sprech- und Schweigenot schien das Vaterunser zu sein. Die meisten sprachen es bis zum Schluss.

In diesem geschärften Spiegelbild meiner behüteten Herkunft konnte ich noch rechtzeitig erkennen, dass das gefährlichste Wortöhr für das Beten die eigene Existenz ist. Sie lässt die Worte stehen, fallen oder verstummen, die Welt mag dazu schweigen oder toben.

Wortfremde

Das vertraute Leuchten in den Fenstern des Vaterhauses verliert der verlorene Sohn schon an der nächsten Straßenecke aus den Augen. Hier beginnt die Wortfremde. Ab jetzt ist „Vater" ein gewagtes Wort. Türklinken werden rar. Die Einsamkeit wächst. Der Himmel bleibt als Erster daheim. Bald ist die Morgensonne eine kalte Neonstange und der Mond ein Hundertwattgespenst. Jeder Tag hat blinde Flecken. Die Nacht kennt kein gutes Dunkel mehr. Die Seele wird eine Angstherberge. Bis in die Herzkammern hausen Eisheilige. Die Sehnsucht gefriert. Aber der Vater ist nur ein einziges Wort weit entfernt: „Unser".

Widerwort

„Unser" ist das wirksamste Wort in der Einsamkeitsfalle. Es wird zum emsigen Widerwort. Es sammelt Namen und Gesichter aus den Erinnerungen und fügt daraus eine lebendige Gemeinschaft. Selbst Christus wird in der Einsamkeit zum verlässlichen „Sprachgesellen", wie Paul Gerhardt es unübertroffen gesagt hat. Diese in einem Wort zusammengerufene „Gemeinde der Heiligen" kommt durch die Hintertür des Gebets in alle Abgründe und Verzweiflungen. Sie will beim Wort genommen werden und sättigt mit Segen.

Weltworterbe

Meine haltbarste Zuversicht aber ist eine, die ich mir borgen muss. Sie ist verlässlich und überlegen und wird nur verliehen. Sie hilft aus Angst und Ohnmacht und gibt jedem noch so stummen Schrei mitten im Wüten der Welt Zunge und Stimme. Diese Zuversicht kann niemals mehr zum Schweigen gebracht werden. Sie ist kostbarstes Weltworterbe und kann nur gebetet werden, um zur Sprache zu kommen. Sie gibt niemals auf und kämpft allein weiter, wenn den meisten Menschen schon Hören und Sehen vergeht. Dann schreit sie dem himmlischen Vater mit seiner eigenen Stimme das letzte Gebet des Sohnes ins Ohr: „Mein Gott!" (Psalm 22,2)

Wie geworfene Steine

Als ich ein Kind war, lief der Jahreskreis auf seine Höhepunkte hin, auf die Feste des Kirchenjahres, an denen Zeit und Menschen innehielten. Schnittpunkte der Erinnerung und der Erwartung, Wochen der Verheißung und der Umkehr lösten einander ab. An ihnen orientierte sich das Leben. Selbst in der unkirchlich gewordenen Lebenswelt des märkischen Dorfes, in dem ich aufwuchs, waren die meisten Versuche, den gewohnten Jahreskreis zu stören, wenig erfolgreich. Inzwischen ist dieser Jahreskreis im Bewusstsein der meisten Menschen nur noch von Ostern, Pfingsten und Weihnachten bestimmt. Aber auch diese Feste haben viele ihrer Inhalte verloren. Überschüssige Schokoladenweihnachtsmänner werden ohne Schwierigkeiten zu Osterhasen und umgekehrt. Während früher der Advent mit dem Duft weihnachtlicher Gewürze die Zeit erfüllte, füllt jetzt schon der September die Läden mit Spekulatius. Der Ewigkeitssonntag, an dem die Friedhöfe besucht und der Grabschmuck für den Winter bereitet wurde, ist von leuchtenden Weihnachtsbäumen umstellt. Aber auch die Woche hat kein Ziel mehr. Das Geschenk Gottes an die Welt, der Sabbat, die große vorhandene Ruhe, ist weder Anfang noch Ende der Arbeitswoche. Der siebte Tag, an dem Gott ruhte und den Menschen Einhalt verordnet hat, ist angefüllt und besetzt von Freizeitindustrie und atemlosem Zeitvertreib. Selbst der Tag verliert Beginnen, Mitte und Ende. Nicht nur die Maschinen, auch die Fernsehprogramme laufen rund um die Uhr. Wie geworfene Steine jagen die Menschen ihren Terminen nach.

Farbe bekennen

„Ein Übersetzer muss sein wie eine Fensterscheibe, die alles Licht hindurchlässt, aber selbst nicht gesehen wird." Ein Konfirmationsfoto brachte mich auf dieses schöne Wort der Schriftstellerin und Philosophin Edith Stein.

Die abgebildete kleine Schar der Jungen und Mädchen weckt so lebhafte Erinnerungen, weil sie mitten im Frühling plötzlich im Schneegestöber stand. Den ganzen Gottesdienst über wollte ich den fröstelnden Geschöpfen dann nichts anderes mehr zukommen lassen als irdische Wärme und himmlische Geborgenheit. Die fröhlichen Kinder, in ihren feierlichen Erwachsenenkleidern liebevoll herausgeputzt, erwarteten mich auf dem Kirchplatz. Der April bot büschelweise zarte Schneeglöckchen gegen das Bronzegeläut auf und warf Eisschauer auf die nackten Arme der Mädchen. Die antworteten mit einer Gänsehaut.

An der Kirchentür werden wir von Kameras ins Visier genommen. Blitzlichter färben den plötzlichen Schneeschauer sonnengelb.

Die Gemeinde erhebt sich. Die Konfirmanden ziehen in Zweiergruppen durch die erwartungsvolle Menschengasse. In diesem Moment ist die Welt so in Ordnung, dass ich sie ganz umarmen möchte. Aus dem Chorfenster blickt der Auferstandene bunt und gelassen in die freudig stolzen Elterngesichter im Kirchenschiff und spiegelt sich in ihren Augen. Während die Posaunen spielen, buchstabiere ich in den Gesichtern kostbare Sehnsucht. Die eigene Konfirmation, die Taufen der Kinder. Dazu müssen sie ihre Lebensuhr gar nicht so weit zurückdrehen. Die einsetzende Orgel sorgt für unruhiges Blättern.

Habe ich gelernt, diese Sehnsucht zu übersetzen? Darauf kommt alles an.

Es rührt mich an, als ich die Konfirmanden mit tiefem Ernst und geübtem Gleichklang sagen höre: „Ich glaube" und, wenig später: „an den Heiligen Geist." Der schwierigste Artikel geht erleichtert von den Lippen. Ich nehme ihnen das ab. Glaube und Verstehen sind nicht in jedem Falle nahe Nachbarn.

Während sie das Glaubensbekenntnis aufsagen, sehe ich zwölf kindliche Jünger Jesu, die sich aus dem Licht ihrer geordneten und verordneten Welten etwas Helles gerettet haben. Und genau das sehe ich jetzt auf den Gesichtszügen über den gestärkten Kragen. Vor mir schlägt der Glaube noch einmal die kindlichen Augen auf und ist plötzlich erwachsen. Haltbare Hoffnung, fröhliche Sehnsucht, heitere Zuversicht und leuchtende Erwartung stehen da geschrieben. Wenig Greifbares, aber bleibend, wenig Auswendiges, aber tragend, wenig Sichtbares, aber wahr.

Aus zwölf fragenden Augenpaaren leuchtet mir nun der Christus aus dem Chorfenster über mir entgegen. Sein Gesicht ist ihre Antwort. So bekennen sie das erste Mal Farbe.

Das Leben nachher bist du selbst

„Tasse Kaffee?", fragt der Leutnant.

„Nein, danke", höre ich mich sagen, „nicht von Ihnen!"

„Keine Angst, ist schon nichts drin", sagt er. „Zigarette?" Er hält die Schachtel über den Tisch.

„Nein, danke", sage ich tapfer. Aber meine Hand ist

schneller und nimmt eine. Der erste Zug geht bis in die Zehen. Auf der Hälfte mache ich aus.

Wie schnell das geht, bis der Hahn dreimal gekräht hat, denke ich.

„Was ist?", fragt der Leutnant.

Ich sage nur: „Falsche Sorte."

Er zieht die Vorhänge zurück. Die Morgenröte hat ein eisernes Muster.

An diesen Wortwechsel im ersten Verhör nach meiner Verhaftung musste ich denken, nachdem ich mich langsam von der Schlagzeile auf der ersten Seite erholt hatte.

„Jürgen Fuchs ist tot", stand in der Zeitung. „Der Schriftsteller und DDR-Bürgerrechtler erlag mit 48 Jahren einem seltenen Krebsleiden."

1976, gleich nach der Ausbürgerung Wolf Biermanns, wurde er in Ost-Berlin nach einer Lesung wegen „öffentlicher Herabwürdigung" und „staatsfeindlicher Hetze" angeklagt und eingesperrt. 1977 in den Westen verkauft. Seitdem lebte er in Westberlin.

Es war der gleiche Krebs wie schon bei Rudolf Bahro und Gerulf Pannach. Gleiche Zeit, gleicher Knast, gleiche Anklage. Hohenschönhausen. Lange Wartezeiten auf dem Drehstuhl bei den Fototerminen. Übelkeit, plötzliches Erbrechen beim Treppensteigen danach.

„Ihre Zeit steht in unseren Händen", hatte der Vernehmer spöttisch bemerkt.

Ausgerechnet ich soll ihn beerdigen.

Das kann ich gar nicht. Aber ich muss.

Jugendliche rufen an, wollen Ort und Zeit der Beerdigung wissen. Er hatte sie von der Straße geholt, Gottes

Zeit eingesammelt für diese traurigen Stiefkinder des Lebens, vor allem Drogensüchtige.

Kälte, Gewalt, Angst und Fremde. Er musste sich nicht verstellen. Er wusste, wie weh das tut.

Das hatte er mir eingeschärft:

„Das Leben vor dem Knast war überschaubar.

Das Leben nachher bist du selbst."

Berlin schläft schon fest unter dem Regen.

Die Pfützen sammeln Straßenlaternen.

Morgen früh um elf weinen die Engel im Himmel sich Gott aus den Augen. Falls der Wetterbericht stimmt. Ich muss Worte suchen. Psalm 139: „Finsternis ist wie das Licht."

Die Mutter ist taubstumm vor Kummer, der Vater wortlos.

Lilo, Jürgens Frau, ist tagsüber tapfer. Die Kinder gehen auf Zehenspitzen.

Trostlos schweigen wir uns an.

Auf dem Heimweg fangen die Pflastersteine an zu schreien.

Ich laufe kilometerweit in die Nacht. Nur Gott komme ich keinen Schritt näher.

Neun Monate saß Jürgen in Hohenschönhausen. Landschaften der Lüge, wütende Vernehmer, endlose Verhöre, Abgründe des Verrats. Tag für Tag auf Du und Du mit dem Zellenspitzel. Rücken an Rücken unter der lauwarmen Dusche, Kopf an Kopf unter dem rostigen Maschendraht im Freistundenkäfig. Auge in Auge im Neonlicht. Zellenkrieg. Da sind ihm die meisten Worte erschrocken.

5. Mose 28,23: „Der Himmel über dir wird zu Erz, der Boden unter deinen Füßen zu Eisen."

Schauerliche Trauerhalle. Die Sargträger haben Schirmmützen wie Busfahrer.

Der Regierende Bürgermeister hat einen riesigen Kranz geschickt. Es gibt kein einziges Gesangbuch. Zum Glück singt Wolf Biermann.

Am offenen Grab regnet mir der halbe Himmel übers Gesicht. Mir und der Familie und fünfhundert Menschen und fünfzig Fotografen.

„Sein Tod ist nicht gottgewollt, sondern menschengemacht!", soll ich gesagt haben.

Das steht in der Zeitung.

Gott sei Dank war Gott also doch da.

Heilig ohne Gott?

„Kann man ein Heiliger ohne Gott sein?", fragte ein Schüler. Eine lebhafte Debatte folgte, an deren Ende ein einhelliges Ja der Klasse stand. Diese Frage zieht sich wie ein roter Faden durch das Werk des Dichters Albert Camus, der vor wenigen Jahren hundert Jahre alt geworden wäre.

Für ihn selbst ist die Antwort klar: Man muss! Heiligsein bedeutet, der Gegenwart sein Bestes zu geben. Es ist die Weigerung, aus zweiter Hand zu leben. So gibt es weder fremdes Leid noch halbherziges Dasein. Heiligsein setzt immer die eigene Empörung gegen alles Unrecht voraus. Unerträglich sind Gleichgültigkeit und Teilnahmslosigkeit. Ein Menschenleben wird „geheiligt", wenn es zweierlei nie aus den Augen verliert: die „Weigerung, wider besseres Wissen zu lügen" und den „Widerstand gegen jede Form der Unterdrückung". Diese „Gottesunruhe" kann ganz weltlich sein, aber sie darf nie aufhören.

Den Dominikanern in Paris schreibt Camus bei einem Vortrag deutliche Worte auf den Rand des Evangeliums:

„Die Welt erwartet von den Christen, dass sie den Mund auftun – laut und deutlich – und ihre Verdammung falscher Verhältnisse ganz unmissverständlich aussprechen, damit niemals der geringste Zweifel im Herzen des einfachsten Menschen zu keimen vermag, dass sie dem blutüberströmten Gesicht entgegentreten, das die Geschichte in unseren Tagen angenommen hat ...

Wir arbeiten miteinander an etwas, das uns jenseits von Lästerung und Gebet vereint. Das allein ist wichtig."

Stilles Geschrei

Drei unruhige Geister unter den Konfirmanden mögen am Unterricht besonders den Anfang in der Kirche. Wie früher die Balgtreter, wollen sie den Orgeltönen (anstelle des Motors) mit ihren Menschenarmen Wind und Kraft verleihen. Ausgerechnet diese drei, die sonst am schwersten zu bändigen sind, reißen sich darum, kräftig und maßvoll an den Stricken der schweren Bälge zu ziehen. Mit zuverlässiger Genauigkeit wechseln sie sich ab im Halten und Loslassen und werden so selbst zu einem Bild sorgfältiger Andacht. Die anderen müssen singen. Die drei sind wie ausgewechselt. Fast unentwegt haben sie sonst den Knopf ihres MP3-Players im Ohr. Aufgeregt und aufgedreht von den schnellen Tönen aus der Hosentasche finden sie nur mühsam in die eigene Seele zurück und halten der fremden Stille in ihrem Innern kaum stand. Nun aber lauschen sie den Tönen im Raum hinterher, während der Text des alten Tauflieds sie „... zum Volk, das dir geheiligt heißt" erklärt. Nein, das Staunen haben sie noch nicht verlernt.

Im Unterschied zu ihren Großeltern, die sich von auswendig gelernten Versen ernährten, müssen diese jungen Menschen nicht dem Mangel, sondern dem Überfluss trotzen. Statt zu sammeln, müssen sie lernen loszulassen. Mühsam wehren sie sich gegen Überdruss und Überforderung, gegen das bunte Lärmen der ganzen Welt. Dabei haben diese Jugendlichen noch den gleichen Hunger wie ihre Eltern und Großeltern.

Ein namenlos überlieferter Text aus dem 15. Jahrhundert setzt dem lärmenden Treiben der Welt auf bewegende Weise Gott selbst entgegen:

„O quellender Brunnen, wer kann dich erschöpfen?
Heller Glanz, dringende Kraft, bloße Verborgenheit ...
Vielfaches Gut in einiger Stille,
Du stilles Geschrei ..."

Beim Lesen denke ich an meine drei Konfirmanden mit ihrer verschütteten Sehnsucht nach Stille und lerne von ihnen dreierlei:

Zuerst, dass Staunen die beste Möglichkeit ist, Gott zu loben. Jede Entdeckung der Welt stürzt uns in Jubel. Zum Zweiten: Staunen befreit von Gewohnheiten. Drittens lernte ich, wie viel Übung das Loslassen braucht.

Osterweinen

„Jetzt könnte der liebe Gott unser Geschwisterchen aber wieder zurückgeben, jetzt hatte er es lange genug", sagte sie. Sie war sechs und hoffte immer noch. Sie hatte gesehen, wie sich Tines Bauch wölbte, hatte selbst nach dem Leben getastet und voller Inbrunst gebettelt, dass mindestens zwei Schwesterchen für sie dabei herauskamen. Verstärkung gegen den übermächtigen Bruder.

Kaltes Kontaktgelee klatscht auf Tines Bauch. Ultraschall. Immer deutlicher flimmert ein Bild in der dunklen Kammer. Mechanisch schiebt der Assistent den Scanner erst über die Füßchen, dann über die Ärmchen, dann über den Kopf. Lebt es noch? Ein vollständiges Ebenbild Gottes im Fadenkreuz, behütet von der Bauchdecke, aber ohne die schmerzstillende Vorfreude. Weiß auf schwarz bleibt das Bild auf dem Monitor stehen. Niemand sagt etwas, der Assistent duckt sich hinter den Computer und füllt die Maske aus: Name, Geburtsdatum, Anschrift, Anzahl der bisherigen Kinder ... Wir schieben uns in den Kreißsaal. Hinter einer Tür schreit ein Neugeborenes. Erleichterte Ärzte, eine fröhliche Hebamme. Aber wir nehmen die letzte Tür. Tine bekommt ein Mittel, das Wehen auslöst. Sie muss pressen, ich halte ihren Kopf, wische ihr den Schweiß aus dem Gesicht. Dann liegt die Hoffnung im Mülleimer.

Fehlgeburt nach vier Monaten.

Welcher liebe Gott?

Zwei Jahre später.

An diesem eiskalten Totensonntagnachmittag muss ich die Verstorbenen ablesen, um fünf. Jetzt ist es zwei. Die Menschen frieren schon an den Gräbern. Die Posaunen spielen Choräle zwischen die Eisschauer: „Schreib meinen Nam' aufs Beste ins Buch des Lebens ein."

Ausgerechnet jetzt packt mich der Schreck aus dem Kreissaal: „Kommen Sie, schnell! Die Fruchtblase ist geplatzt, die Wehen haben eingesetzt."

Aber es fehlen doch noch sieben Wochen! Nur noch sieben lange Wochen. Am düsteren Totensonntag soll ich zusehen, wie ein Kind viel zu gefährlich früh aus dem warmen Mutterleib in das kalte Novemberzwielicht gezogen wird. Nach 218 Tagen bangen Wartens, dass es lange genug drinbleibt. Mehr als zehn Blutübertragungen durch die Nabelschnur, um es in der Mutter festzuhalten. Dreiunddreißigste Woche. Tine an den Apparaten. Voller Hoffnung. Voller Zuversicht. Voller Leben. Tine, mein guter Mensch.

Nach dem Anruf bin ich klatschnass. Ich muss mein Hemd wechseln und meine untertriebenen Ängste gegen übertriebene Hoffnungen tauschen. Wer schreibt meine Predigt für die Toten? Wer bringt mich zum Leben nach Münster? Ein Freund packt mich und fährt mich über die Autobahn. Der Teutoburger Wald übt mit Raureif für den Winter. Wir vernebeln die dunkle Sonne mit einer Zigarre. So schweigt es sich besser. Der Straßenbelag im Tecklenburger Land pfeift bei hundertvierzig ein nervöses Lied auf den Reifen. Die Baustellen machen Löcher in die Musik. Mein Freund fährt gut ums Leben. Hinter Greven höre ich den Wehenschreiber von ferne, immer lauter, immer schneller. Münsters Türme thronen im Nachmittagslicht unter dem stählernen Himmel. Die Stadt ruht still und starr. Die Friedhöfe scheinen an diesem Tag die Spaziergänger von den Straßen zu schlucken. Die Ampeln flackern zwischen Gelb und Grün. Beim Warten an der letzten Kreuzung im Angesicht der Bettentürme wirft sich die Ewigkeit in die Rotphase.

Endlich Grün. Das Parkhaus reicht nicht an den Kreißsaal heran. Lichtschranken tasten nach Besuchern, die Glastüren öffnen sich langsam. Auf dem Flur kämpft sich kilometerweise ein nervöser, blaugrün gestreifter Teppich durch die Betonlandschaft. Im langen Kellergang vor der Frühgeborenenstation pfeift der Wind eine Fuge. Die Wechselsprechanlage tönt: „Ja, bitte." Eine Schwester holt uns durch die Schleuse in die Umkleide. Der Kreißsaal wirft mit Neon nach den himmelblauen Hebammenkitteln. Mühsam versucht mein ostwestfälischer Riese einen der OP-Kittel über seine Schulter zu zwängen. An den Wänden trotzen Geburtsanzeigen mit lachenden bunten Babys den Totensonntagsnachmittagsgedanken. Tine im Flügelhemd. Nervöser Engel mit zwei donnernden Herzen. Geduldig und fröhlich hängt sie am Tropf. Als sie sieht, wie unser Freund aus der Enge seiner Zwangsjacke verloren und hilflos auf die geräuschvolle, blinkende Maschinerie starrt, lacht sie so heftig, dass die empfindlichen Apparate nacheinander Alarm auslösen.

Der Sonntag fiebert seinem Ende entgegen, mein Freund wieder seinem Dorf, die Schwestern dem wohlverdienten Dienstschluss. Die Wehen werden häufiger, die Hebammen weniger. Ein letzter freundlicher Arzt gibt die Hoffnung auf ein Sonntagskind nicht auf. Das Neon raubt das letzte Abendlicht aus den Fenstern. Der Wehenschreiber macht das Herz an und aus. Tine atmet flach. Eine der Schwestern stellt mir einen heißen Kaffee vor die Milchglasscheibe. Nebenan schreit eine Frau.

Herztöne hoch, Herztöne runter. Der Wehenschreiber schiebt unbarmherzig Papierrollen über den Fußboden. Zwei Stifte wie Stricknadeln zeichnen lange Zickzacklinien auf ein Millimeterraster. Die schwarzen Zacken werden größer. Tine stöhnt. Die Stifte zeichnen unbarmherzige Bögen. Die Wehen dauern jetzt länger als die Pausen dazwischen. Das Schreien der Frau nebenan reißt ab. Ein Säuglingsstimmchen setzt sich durch. Tine kämpft mit den Apparaten um den Glauben an einen guten Ausgang. Die Herztöne fallen. Die Schmerzen werden überheftig, die Seismografen drohen mit schwarzen Bögen.

Tine schreit die Monitore an. Tine schreit die Hebamme an. Die Wände schreien zurück. Die Hebamme macht aus dem Bett einen OP-Tisch. Die Apparate wüten. Die Hebamme rennt nach dem Arzt. Die Hebamme kommt ohne Arzt wieder. Die Apparate geben auf. Das Kind rast durch den Gebärkanal. Die Hebamme zieht ein lebendiges Menschenkind ans Licht der Welt. Ich höre eine ferne Stimme fragen, ob ich die Nabelschnur durchschneiden wolle. Wieso ich? Das macht doch der liebe Gott. Aber der erfüllt gerade die Milchglasscheiben mit freundlicher Morgenröte. Das winzige Stimmchen, das sich jetzt mit aller Kraft ins Leben schreit, dieser Klang, vor dem selbst die Maschinen verstummen, das ist der endgültige Sieg des Lebens über die Hölle. Das ist mein fröhliches Osterweinen. Seitdem weiß ich genau, dass einen Tag nach Totensonntag immer Ostermontag kommt.

„Nun aber ist Christus auferstanden"

Die schönste Stunde im Jahr schlägt am Ostermorgen, wenn es zu tagen beginnt. Selbst ein ausgewiesener Skeptiker wie der Doktor Faust in Goethes Drama ist um diese Zeit in seiner Studierstube und hört von ferne einen Chor die Osterbotschaft singen. Heutzutage muss man lange suchen und weit fahren, um musikalische Frühaufsteher zu finden, die am Ostersonntag beim Aufgang der Sonne Choräle erklingen lassen. Darum mache ich mich, wie an jedem Ostersonntag, auf den Weg, um in Kirchlengern auf dem Friedhof die Posaunen zu hören. Der Aufwand lohnt sich, denn ich fürchte, ohne die Osterbotschaft wären wir entbehrlich. Und ich ahne, dass sie, ganz am Rande des Sagbaren und Sichtbaren, zwischen den Tönen besser aufgehoben ist als in meinen Notizen. Also lasse ich mir und meiner Osterpredigt in aller Herrgottsfrühe auf die Sprünge helfen.

Als Maria Magdalena in der Morgendämmerung des dritten Tages zum Grab Jesu aufbricht, sucht ihr Herz einen Toten. Sein Begräbnis hat in ihren Augen alle Hoffnung vernichtet. Und so kann sie weder ausdenken noch glauben, was ihr wenig später vor die Augen kommen soll. Am offenen Grab trifft sie einen Unbekannten und denkt, es sei der Gärtner. Auf die Frage nach dem Toten, der hier bestattet wurde, antwortet der Fremde unerwartet kurz und deutlich. Er nennt ihren Namen: „Maria!" Sie erkennt seine Stimme und antwortet: „Rabbuni!", das heißt: „Mein Meister!" Und allein das, was zwischen die Worte der beiden gerät, geht aufs Ganze.

Zwei Menschenworte an einem offenen Grab gesprochen reichen aus, um den ganzen Himmel und die ganze Welt zu umfassen. Alle Kraft, alle Liebe, aber auch aller erlittene Schmerz findet Raum in dieser einen Sekunde. Das ganze Evangelium! Als sie sich umdreht, hat sich die ganze Welt gedreht. Ostern steht nicht am Ende, sondern am Anfang ihres Glaubens. Kaum jemand hat diesen Umschwung treffender zu beschreiben vermocht als der russische Philosoph Wladimir Solowjew: „Wenn Christus nicht auferstanden wäre, wenn es sich erwiesen hätte, dass Kaiphas recht hatte und dass Herodes und Pilatus weise waren, so wäre die Welt eine Sinnlosigkeit, ein Reich des Bösen, der Täuschung und des Todes. Es handelt sich hier nicht um das Aufhören irgendeines Lebens, sondern darum, ob das wahre Leben, das Leben des vollkommen Gerechten, aufhören kann. Wenn dieses Leben den Feind nicht besiegen könnte, welche Hoffnung bliebe uns da noch für die Zukunft? Wenn Christus nicht auferstanden wäre, wer sollte dann auferstehen? Nun aber ist Christus auferstanden."

Ausgerechnet Bananen

Im Sommer 1988 fasste ich den Entschluss, mich auf eine Gemeindepfarrstelle zu bewerben. Aber wo?

Gleich drei Stellen standen in der Kirchenzeitung: Herford, Kirchlengern, Hüllhorst. Alle in Ostwestfalen. Die Gegend kannten wir nur von der Autobahn. Von Münster aus gesehen tiefste Provinz. „Da geht man nicht hin", sagten die Katholiken. „Gottes eigenes Land", sagten die Protestanten. Für uns war auch nach acht Jahren immer noch alles Westen. Das bewahrte uns vor Berührungsängsten. Wir vereinbarten Termine und machten uns auf den Weg, um die Gemeinden in Augenschein zu nehmen.

Das erste Ziel war Herford. Von den beiden Pfarrern der Marien-Gemeinde wurden wir freundlich empfangen. Das Gespräch verlief bestens. Aber schon, als wir im Vorbeifahren die große gotische Kirche und das historische Pfarrhaus gesehen hatten, war klar: Für einen Berufsanfänger war das eine Nummer zu groß. Um nicht unhöflich zu erscheinen, schauten wir uns Pfarrhaus und Kirche an. Das ehrwürdige Fachwerkhaus beeindruckte schon von außen mit Adelswappen und geschnitzten Engeln über der Tür. Das Treppenhaus übertraf erst recht alle Erwartungen, sodass Tine sich zu der Bemerkung hinreißen ließ: „Hier können wir alle unsere Möbel in den Flur stellen!"

Die beiden Pfarrer zeigten uns dann, nicht ohne Stolz, ihre schöne Kirche. Eine spätgotische westfälische Hallenkirche mitten in die Sonne gebaut. In der Sakristei erwartete uns die nächste Überraschung. Auf einer hölzernen Tafel waren alle Pfarrer seit der Reformation aufgeführt. Ein Name sprang uns an: Hermann Kunst! Dieser Mann hatte maßgeblich dafür gesorgt, dass wir überhaupt heil hier stehen konnten! Während einer Besuchsreise in den Westen hatte meine Mutter erfahren, dass Kunst (der von Herford nach Bonn gewechselt war), als Beauftragter der EKD bei der Bundesregierung beim Freikauf von DDR-Häftlingen mitwirkte. Sie schrieb ihm einen Brief. Im Oktober rief er persönlich bei ihr an. „Ihr Sohn und seine Verlobte werden Weihnachten frei sein."

Meine Mutter zweifelte an seinen Worten.

Später stellte sich heraus, dass wir unsere vorzeitige Entlassung seinem persönlichen Einsatz zu verdanken hatten. Mitte 1980 war Kunst nach Ostberlin gereist, um dort aus einer Liste freizukaufender Häftlinge eine Auswahl zu treffen. Als er, nach Kriterien suchend, auf die Berufsangabe „Theologiestudent" stieß, zog er ihn und seine Verlobte in die nähere Auswahl. Auf den Hinweis des DDR-Unterhändlers, dass die beiden nicht infrage kämen, weil sie die Hälfte des Strafmaßes noch nicht abgesessen hätten, antwortete er lapidar: „Dann gibt es Weihnachten bei Ihnen keine Bananen!"

Das Wunder geschah. Es gab Weihnachten 1980 Bananen in Ostberlin. Der Theologiestudent und seine Verlobte verließen am späten Nachmittag des 10. Dezember 1980 in einem Bus mit westlichem Kennzeichen den Gefängnishof am Kaßberg in Karl-Marx-Stadt. Über die Grenzübergangsstelle Wartha/Herleshausen ging die Fahrt zum Auffanglager Gießen.

Ich hatte die Bananen-Geschichte längst vergessen.

Nun gab der hochkarätige Name auf der Tafel den Ausschlag dafür, dass ich erst recht nicht wagte, an dieser besonderen Kirche meine erste Pfarrstelle anzutreten.

Wir fuhren weiter nach Kirchlengern, einem Dorf in der Nachbarschaft. Als siebzehn Jahre später meine Pfarrstelle dem Rotstift zum Opfer fallen sollte, sagte einer der beiden Herforder Pastoren: „Finden Sie nicht, dass Sie nun lange genug geübt haben? Werden Sie mein Nachfolger!"

Und so geschah es.

Gelesen werden

Ein Umzug verleitet zum Blättern. Und er blättert manches um. Vertrautes verblasst, Vergessenes gerät in ein fremdes, neues Licht. Auch viele Bücher, die statt des Rückens nun Gesicht zeigen. Schmale vergilbte Hefte, schwere Bildbände, eine Mappe mit Kunstdrucken. Die Abbildung einer Bronze von Ernst Barlach lässt mich innehalten: ein Lesender. Leicht nach vorn gebeugt sitzt er, die Ellenbogen auf den Knien, in den erhobenen Händen ein Buch. Jeder Gesichtszug – der fest geschlossene Mund, die witternde Nase, die zufassenden Augen, die hochgezogenen Brauen, die gefurchte Stirn, selbst das wirre Haar – all das bekundet innerste Hinwendung, gesammelte Aufmerksamkeit. Das Buch, das der Lesende in beiden Händen hält, lässt ihn nicht los. Was er vor Augen hat, bahnt sich den Weg in seine angespannte Seele.

Noch etwas anderes verrät das bronzene Mienenspiel: ein kindliches, fast ungläubiges Staunen. Die Buchstaben, die Wörter, die Sätze, die ihm entgegenkommen, verdichten sich zu einem Wunder. Bestürzende Fragen, erlösende Deutungen, Trauer, Verwirrung, Ordnung, Schauder und Glück. Das liest er heraus und eignet es sich an. Am Ende besitzt er, wovon er offensichtlich besessen ist.

Und ein Drittes steht in den Zügen dieses Lesers geschrieben: Er wehrt sich gegen alles, was ihm scheinbar selbstverständlich entgegenkommt. Er kämpft sich als eigenständiges Wesen in die Welt des Buches hinein. Er kriecht in den Widerspruch, zweifelt, hält stand, streitet ab, bejaht. Er bleibt er selbst und wird doch ein anderer in diesem leidenschaftlichen Prozess.

Hinwendung, Staunen, Kämpfen: Das macht jede lebendige Begegnung aus, nicht nur die von Mensch zu Mensch. Ich kann einem Wort, einem Kunstwerk, einer Landschaft, einer Frage, einem wissenschaftlichen System begegnen – oder eben einem Buch. Lebendig ist mein Leben nur, wenn es von solchen Begegnungen beschenkt, durchdrungen, verändert wird. Zum Beispiel, wenn aus erkämpften Antworten wieder spannende Rätsel oder staunende Fragen werden. Oder wenn lange Verborgenes und Verschüttetes wie ein innerer Schatz gehoben wird. Manchmal auf eine unbequeme, erschreckende, beunruhigende Weise. So ist es mir immer mit der Bibel gegangen. Es kam plötzlich nicht mehr darauf an, die richtigen Antworten auf meine Fragen, sondern die richtigen Fragen für die bereits vorhandenen, gewaltigen Antworten Gottes zu finden. So wurde nicht nur einmal Gefangenschaft zur Freiheit oder Schwachheit zur Kraft. Nicht ich las die Bibel, die Bibel las mich!

So geht es nicht nur mir. Im Juli 1830 schrieb Heinrich Heine von der Insel Helgoland folgende Zeilen:

„Da gestern Sonntag war und eine bleierne Langeweile über der ganzen Insel lag, die mir fast das Haupt eindrückte, griff ich aus Verzweiflung zur Bibel ... Welch ein Buch! Groß und weit wie die Welt. Wurzelnd in den Abgründen der Schöpfung und hinaufragend in die blauen Geheimnisse des Himmels ... Sonnenaufgang und Sonnenuntergang, Verheißung und Erfüllung, Geburt und Tod, das ganze Drama der Menschheit, alles ist in diesem Buche."

„Sind Sie das?"

Eine ehemalige Konfirmandin hatte entzückt die verrückten autobiografischen „Bekenntnisse" der Rocksängerin Nina Hagen gelesen. Darin war sie auf eine Passage über den „väterlichen Freund" der Autorin, Wolf Biermann, gestoßen:

„Vor wenigen Tagen las ich allerdings eine Nachricht in der Zeitung, die mir Wolf Biermann noch einmal in einem anderen Licht zeigte. 1981 muss Wolf einem jungen Mann, der aus der DDR ausgewiesen wurde und eigentlich Pfarrer werden wollte, aber den Glauben an sich, Gott und die Welt verloren hatte, ‚dringend zugeraten' haben, doch ja nicht aufzugeben und Pastor zu werden.

‚In langen Gesprächen mit diesem Menschen hatte ich den Eindruck gewonnen, dass er ein wahrer, ein tiefgläubiger Christ ist, ohne alle Frömmelei' (so Biermann).

Der Mann, der ohne Wolf Biermann nicht Pfarrer geworden wäre, wurde tatsächlich Pastor und Biermann lobt ihn als einen streitbaren Christen, der ‚dennoch in großer Demut und Güte und ohne einen Hauch von tumber Selbstgerechtigkeit sich am gesellschaftlichen Diskurs beteiligt. In all meinen DDR-Jahren', fügt Biermann hinzu, ‚traf ich einige solcher Christen, mit denen ich mich schon deshalb immer gut verstand, weil sie eine menschliche Substanz hatten, die für mich wichtiger war als alle Glaubensdinge.'"

„Sind Sie das?", fragte die junge Frau. Ehe ich zu all dem Lob „Ja" sagen konnte, ging mir durch den Kopf, dass ich damals wirklich allen Glauben verloren hatte.

Es stimmt! Ausgerechnet der Atheist Wolf Biermann hat mich damals in langen Gesprächen wieder auf die richtige Gottesspur gebracht. Nachdem er dann, im Januar 2006, bei meiner Einführung in der Marienkirche unter meiner Kanzel gesessen hatte, kommentierte er, sichtlich beeindruckt von der schönen Kirche:

„Der liebe Gott erspart dir auch gar nichts: Erst sperrt er dich in einen viel zu kleinen Raum, um zu sehen, ob du das durchhältst, und jetzt stellt er dich in einen viel zu großen Raum, um zu sehen, ob du nicht hochmütig wirst."

Visionen

Wer sich Herford von Süden nähert, sieht meine Kirche aus den Baumwipfeln leuchten. Der Anlass für den Bau wird in einer schönen Gründungslegende beschrieben.

Einem jungen Hirten, so heißt es, sei hier die Jungfrau Maria in einem strahlenden Lichtermeer erschienen. Sie sagte ihm eine Botschaft für die Äbtissin des Herforder Frauenstifts. Statt üppiger Pracht beim Wiederaufbau des Klosters solle sie für das geistliche Leben sorgen und die Gemeinschaft stärken. Außerdem sei an dieser Stelle ihres Erscheinens ein Gedenkort zu errichten. Der Jüngling wehrte sich gegen den Botengang, weil er fürchten musste, als Betrüger zu gelten. Maria empfahl ihm, aus zwei kräftigen Ästen ein Kreuz zu fertigen und am Ort ihrer

Erscheinung aufzurichten. Zum Zeichen der Wahrhaftigkeit versprach sie, der Äbtissin und ihrem Gefolge in Gestalt einer weißen Taube auf dem Kreuz zu erscheinen. Erwartungsgemäß glaubten die Nonnen dem Mann kein Wort. Sie sperrten ihn ein, gingen aber auf den Berg und fanden das Kreuz, auf dem eine weiße Taube saß. Die Äbtissin ordnete den Bau einer Kirche an. Der Stumpf des Baumes, aus dessen Ästen das Kreuz stammte, wird bis heute im Hochaltar aufbewahrt.

Das eigentliche Wunder aber ist die Kirche selbst. Die Marienkirche gilt als „eine der schönsten gotischen Kirchen Westfalens" (Theodor Heuss). Mit dem Bau wurde 1011 begonnen. In ihrer heutigen Gestalt wurde sie 1325 geweiht. Das Innere erweckt den Eindruck, als sei die Kirche in die Sonne gebaut. Der weite, durchsichtige, fast schwerelose Raum predigt von allein.

Von Neuem Gott erklimmen

In der Hofausfahrt des Pfarrhauses bremst die Nordwand der Kirche gegenüber noch einmal den ungeduldigen, flüchtigen Blick. Das Mittelfenster leuchtet mit gläsernen Engeln. Die Jünger im Ostfenster haben einen Regenbogen im Gesicht. Meine Eile entgeht ihnen nicht. Die Abendsonne macht den Bäumen lange Schatten. Der Dieselmotor nagelt die Zeit fest, gleichmäßig, leise und schnell. Ruhe schiebt sich vorbei, die lange Landstraße aufwärts, Kilometer um Kilometer. Der Himmel hüllt das freudig suchende Herz in herrliches Blau. Die alten Alleebäume wiegen ihr frisch gewaschenes Blätterkleid im Wind. Der Mohn klatscht Blut in das satte Sommergelb des Weizens. Das Gras am Straßenrand ist schon ausgewachsen, sein Grün fast versengt.

Aber dann ist die Mitte des Lebens auf einmal sein Rand. Die Leitplanke, eben noch lief sie ruhig und sachlich nebenher, springt aus dem Gebüsch. Ein Schrei, ein Schreck, groß wie die Welt. Woher komme ich? Mit Händen, Füßen, Augen, Ohren und Sinnen? Dann zerreißt die Zeit an einem lauten Kreischton aus Metall auf Beton. Hart und kurz, hässlich und unerbittlich. Der Reifen! Nur ein paar Millimeter zu wenig Profil, schon reißt es ihn vom Rad. Das Auto dreht auf der Felge, schlingert, kracht. „Jetzt also ich!" Jedes Wort einzeln hat Platz im Aufprall auf die graue Planke.

Aber kein Wort hält sich. Weder „jetzt" noch „also" noch „ich". Wohin fährt die Erinnerung? Einmal links um sich selbst. Einmal rechts um sich selbst. Zweihundert tanzende Kilogramm stehen in den Papieren. Dann steht alles still, auch die Zeit. Der Stillstand rast durch den Puls.

Die Leitplanke fuhr hundertdreißig. Sie ist verbogen. Aber ich bin erschrocken, bis tief ins Herz.

Das Aussteigen ist ein Austaumeln. Aber die Vögel singen weiter, die Autos auf der Gegenspur fahren laut und unbehelligt in die Abendsonne. Das Leben kommt wieder zu sich. Beine, Arme, Finger, Zehen, das Herz und ich. Die weißen Wolken kleben wie Niveacreme weit oben am Blau des Himmels. Die Leitplanke hat sich die rote Farbe vom Auto geholt. Zermatschte Äpfel und Brot liegen auf dem Asphalt, weit hinten Schlafsack, Handtücher, mein Koffer aufgesprungen, Augustinus aufgeschlagen auf der Fahrbahn, vom Fahrtwind eines Motorrads gezaust. „Bekenntnisse". Jacke, Brille, Papiere. Ein Lkw überfährt den Kulturbeutel auf der Überholspur. Die Engel sind aufgeflogen. Ich friere. Die Sonne macht vorn in den Krankenwagen lichte Flecken. Der Sanitäter lächelt und leuchtet. Kein Lkw ist in meine Sekundenhoffnung gerast. Die vielen Stimmen, das uralte Gewirr der Wörter erwacht, seit Kain und Abel ist alles gleichzeitig.

Ich hatte gehofft, in so einer Situation Gott fest am Herzen zu haben. Aber ich spürte ihn nicht. Nun habe ich einen Stützkragen am Hals und kann den Kopf nicht drehen. Alles sehr irdisch. Kein himmlischer Bach mit Blockflöten. Eine Leitplanke als Schlussakkord. Eisen zu Eisen. Wieder mitten im Leben, Gott sei Dank.

Aber ich habe verstanden, wie eng am Tode der Weg, die Wahrheit und das Leben gehen können, wenig berechenbar. Alles nur geborgt. Selbst das Auto, von Schatten zu Schatten, bei Grün.

Der Schreck sitzt zu Hause im Fenster des hohen Chores am Abendmahlstisch von gelb bis tiefdunkelrot. Diese Farben reichen für alles. Wieso fällt mir das jetzt hier ein? Langsam füllt sich mein Gehirn wieder. Nach einem Augenblick voll leerer Ewigkeit rast mein Geburtsdatum vorbei, mit Postleitzahl, Straße und Hausnummer. Der freundliche Sanitäter trägt alles in ein Formblatt ein. Das Röntgengerät sieht gar nicht alles. Die Leitplanke steckt noch in meiner Seele. Fest und dunkel und stabil mit Sprossen wie eine Leiter. Gottes Barmherzigkeit aus hartem Metall. Schon auf dem Weg ins Krankenhaus erklimme ich Gott aufs Neue.

Neu anfangen

Der Dichter Franz Kafka spricht sich dafür aus, so lange neu anzufangen, bis „das Unzerstörbare" in einem Menschen zu seinem Ausdruck gelangt. Kein Mensch kann leben ohne einen „dauernden Glauben an etwas Unzerstörbares in sich". Anfangen ist deshalb für den Dichter eine „Glaubensfrage". Für den eigenen Anfang hat Kafka seine Welt mehr als einmal gedankenleer und gegenstandslos geräumt, um sie dann, staunend wie ein kleines Kind, neu zu entdecken und zu beleben. Das ist aber kein Kinderspiel. Kein Stein der Gewohnheit bleibt auf dem Herzen, keine Heimat leuchtet, kein Vater wartet vor hellen Fenstern, keine Nacht birgt den Suchenden. Es geht immer aufs Ganze. Alles wird zuvor weggenommen. In einem der „Briefe an Milena" beschreibt Kafka die Mühsal eines solchen Anfangs mit dem Bild eines Spaziergängers, der sich vor jedem Gang nicht nur waschen und kämmen muss, sondern, da ihm „alles Notwendige immer wieder fehlt, auch noch das Kleid nähen, die Stiefel zusammenschustern, den Hut fabrizieren, den Stock zurechtschneiden muss".

Neu anfangen zwingt zu einer neuen Sicht. Die vielen Nachrichten der letzten Wochen, die uns zu unfreiwilligen und hilflosen Zaungästen unbeschreiblichen Elends machten, lassen selbst wortgewandte Berichterstatter verstummen. Noch nie sah ich so viele verzweifelte, wortleer gefegte Höllen. Ganz egal, ob die Bilder aus dem Irak, aus Gaza oder der Ukraine stammen, das Predigen möchte einem vergehen! Es lernt sich schnell, wie verderblich ewige Wahrheiten sein können. Aber Wegsehen hilft nicht. Das „Ungeheuer der Weltgeschichte" ist der Mensch, der so lange weghört und wegsieht, bis nur noch er selbst da ist. Die allgemeine Ratlosigkeit und Sprachlosigkeit lehrt, dass ein neuer Anfang zwischen Menschen wohl nie weniger bedeutet, als alle erlernten, vertrauten und gewohnten Worte restlos fortzuräumen, um dann von Neuem behutsam hinzuhören, neu zu buchstabieren. Sonst gibt es am Ende kein gutes Wort mehr, das noch das Zeitliche segnen könnte. Für alles Sprechen gilt wohl, was der dänische Theologe Sören Kierkegaard über das Beten sagt:

„Beten heißt nicht, sich selber reden hören. Beten heißt: Still werden und still sein und warten, bis der Betende Gott hört."

Licht in Leipzig

Ich habe den Heiligen Geist nur einmal gesehen. Ausgerechnet im Fernsehen und leider nur in Schwarzweiß. Das war im Oktober 1989. Die westliche Kamera nahm in Leipzig eine Gruppe junger Leute ins Visier, die sich im Angesicht aufgefahrener Panzerwagen und einer Hundertschaft Kampfgruppen zitternd vor Angst und Ohnmacht an ein paar Kerzen wärmten. Noch war gar nicht sicher, ob die Panzer im nächsten Augenblick diesen zärtlichen Aufbruch in ein Blutbad verwandeln würden.

In diesem Moment fingen die Jugendlichen an zu singen. Und was sie sangen, vergesse ich nie. Die letzte Strophe des alten Pfingstliedes „Nun bitten wir den Heiligen Geist", das Martin Luther 1524 seiner verzagten Christenheit an den Rand der Bibel schrieb und das, wie weniges sonst, im Herbst 1989 standhielt:

„Du höchster Tröster in aller Not,
hilf, dass wir nicht fürchten Schand noch Tod,
dass in uns die Sinne nicht verzagen,
wenn der Feind wird das Leben verklagen.
Kyrieleis."

Das Ende ist bekannt. Der Heilige Geist ließ sich nicht lange bitten. Die Panzer zogen ab. Aber die Menschen auch. Die Kirchen wurden leer. Die Kerzen gingen aus. Geblieben ist die kostbare Botschaft dieser jungen Menschen.

„Wo der Geist Gottes ist, ist Freiheit", buchstabierten sie dem erstaunten Fernsehpublikum vom Straßenpflaster aus vor. Und „Zaungästen" wie mir steckten sie auch noch ein anderes Licht auf: Zeiten wahrer Freiheit gibt es nur als Früchte schwerer Leiden. Weder Glaube noch Liebe noch Hoffnung sind Produkte eigener Pflanzung. Es sind und bleiben Geschenke des Heiligen Geistes. Der stört bisweilen alle Übereinkünfte. In gedankenlose Zeiten kommt er nicht als Anwalt oder Tröster, sondern als Feind und Gegner, als die wahre, echte Krise. Er kommt als Gedächtnis ins Vergessen und als Auferstehung in die Todeswelt. In hastige Antworten kommt er als besonnene Frage, in vertrauliche Lebenslügen als erschütternde Wahrheit. Sein Wirken endet nicht an den Rändern zwischen Kirchenmitgliedern und Ausgetretenen, sondern es beginnt im Niemandsland zwischen den Gleichgültigen und denen, die die Hoffnung niemals aufgeben – gerade, wenn nichts mehr zu hoffen ist.

Dieses Hoffen bedarf aber eines gesunden Misstrauens gegenüber den vergehenden Mächten und Institutionen dieser Welt, besonders gegenüber der eigenen. Das Geschenk von 1989 ist zur Aufgabe geworden. Als Bürger dieser Welt sind wir Bürgen des Heiligen Geistes. Wir müssen wieder lernen zu fragen, wo wir zu schnell geglaubt haben, und zu glauben, wo wir zu schnell gezweifelt haben. Keine Macht der Welt wird verschleiern oder gar verhindern, dass unsere Taten unsere Taten und unsere Worte unsere Worte bleiben.

Auf Wiedersehen in Zion

Seit Kurzem merkt der Pfarrer, dass die Kräfte schwinden. Für alles braucht er mehr Zeit. Er findet sich damit ab, bis er Fieber bekommt, das ihn zeitweise schüttelt. Die bewährten Mittel des Hausarztes, auch die harten, helfen nicht mehr. Er tut, als sei nichts mit ihm, schleppt sich durch Amtshandlungen und Gottesdienste. „Bestelle dein Haus."

Als sein Zustand schlechter wird, beschließt er, ein Jahr früher aufzuhören. Er sucht nach einer Bleibe für den Ruhestand, findet eine Wohnung, weit weg von seinem Dorf. Trotz anhaltenden Fiebers schlägt er sich tapfer. Er predigt Sonntag für Sonntag. Er redet mit niemandem über seine Ahnungen, nicht einmal mit seiner Frau. Erst als Schwächeanfälle es ihm beinah unmöglich machen, einen Gottesdienst durchzustehen, geht er ins Krankenhaus. Er weiß, dass er nicht mehr gesund werden kann.

In der Klinik fällt er sichtlich zusammen. Mit letzter Kraft regelt er vom Bett aus die Amtsübergabe. Sein Dienstzimmer wird geräumt. An der Wand über dem Schreibtisch bleibt ein vergilbter Druck einiger Bilder des Isenheimer Altars zurück. Mehr als das berühmte Mittelbild mit der Kreuzigungsgruppe hatte es ihm die schmale Predella, direkt darunter, angetan. Sie zeigt die Beisetzung des übergroßen Leichnams Christi. Johannes, der Lieblingsjünger, kenntlich an seinem jugendlichen Gesicht und dem roten Gewand, versucht, den totenstarren Körper seines Meisters zu einem Grab zu schleppen. Maria Magdalena schreit und weint händeringend und mit weit offenem

Mund gegen den verschlossenen Himmel an. Maria, die Mutter des Toten, ist weiß gekleidet. Ein Schleier, tief ins Gesicht gezogen, verdeckt die Augen in dem regungslosen Gesicht. Der Mund ist ein schmaler Strich. Sie ist starr vor Schmerz. Drei Menschen trauern um Gott: Sie schuften, schreien, verstummen, immer abwechselnd.

Oft habe ich mit meinem väterlichen Nachbarn unter diesem Bild gesessen. Jedes Mal änderten sich die Farben. Immer anders stand das Licht der Ewigkeit.

Als ich ihn kurz vor seinem Tod besuche, ist er kaum wiederzuerkennen. Sein Gesicht ist hohlwangig, die Augen blicken aus tiefen Höhlen, die große Nase wirkt noch größer. Er erkennt, wie sehr ich es auch zu verbergen suche, mein Entsetzen: „Ich weiß, wie verändert ich bin, dies ist der Heimweg." Nach langem Schweigen sagt er mir ein Wort, das ihm fürs Sterben, mir fürs Weiterleben reicht: „Auf Wiedersehen in Zion."

Wegweiser

Manche Wegweiser kann man nur rückwärts lesen. Manche Töne erreichen das Ohr erst, wenn sie lange verklungen sind.

Als Lehrling musste ich in Berlin jeden Morgen mit der Straßenbahn von Pankow zum Hackeschen Markt zur Arbeit fahren. Das monotone Grau der Häuserfassaden spiegelte sich in den Scheiben.

Prenzlauer Berg, Schönhauser Allee, Mitte. Wo die Bahn die Kastanienallee verlässt, machten die Schienen einen großen Bogen um die Zionskirche.

Ein durchdringendes Kreischen ertönte jedes Mal beim Einbiegen der Bahn, als ob sich die Räder und Schienen um die Kurve stritten. Es beendete alle Tagträume und mahnte zum baldigen Aussteigen.

Diese aufdringliche Tonfolge konnte ich schon bald im Schlaf.

Ich hätte die Töne vielleicht vergessen, wenn sie mir nicht in tiefstem Dunkel zum hellen Wegweiser geworden wären. Während der U-Haft Pankow wurde ich in Handschellen in einem fensterlosen Wagen quer durch Berlin gefahren, natürlich ohne Angabe des Ziels. Es ging, wie sich herausstellte, zum Gericht nach Berlin-Mitte.

Als ich das metallene Quietschen vernahm, waren es die süßesten Töne, denn ich wusste plötzlich, wo ich war, und mein Seelenkino belichtete vor Freude für ein paar Sekunden den hohen neoromanischen Kirchturm.

Die Zionskirche liebte ich schon vorher, allerdings wegen anderer Töne. Dort gab es das Weihnachtsoratorium und Bachs sämtliche Passionen schon ab einer Ostmark Kollekte. Und nicht nur das hatte sie zu bieten. Sie war eine der ersten Herbergen der Ostberliner Opposition. Eine heimliche Bibliothek, eine illegale Druckmaschine, verbotene Tonbandrollen, dazu das feste Vertrauen, dass das Wort den Weg bahnt – das alles ließ Taten folgen.

Viele Jahre später, aber noch vor dem Mauerfall, sah ich zum ersten Mal im Westfernsehen junge Menschen mutig gegen gerade erfolgte Festnahmen protestieren.

Und da war es wieder, das wohlbekannte Kreischen der Räder, genau in dem Moment, als die Kamera auf die unverkennbare Silhouette des Kirchturms schwenkte. Nun klang es in meinen Ohren schon fast wie ein Psalmton.

Die wiedergeschenkte Nähe, das Wunder der Freiheit, die Hoffnung auf ein bewohnbares europäisches Haus sind einige der vielen Früchte, die ohne den mutigen Beginn in dieser Kirche niemals gewachsen wären. Ich kann das nicht beweisen. Aber als ich kürzlich einmal in der alten Linie von Pankow zum Hackeschen Markt fuhr, spielte die Straßenbahn extra für mich in der Kurve Geige ...

Käfig ums Herz

Eben hat der Bestatter ihn geholt. Die Kollegen hatten den Strick durchgeschnitten, am Fensterkreuz, in der Mittagspause. Aber er war doch gerade gestern noch fröhlich bei der Sache! Beim Geburtstagsständchen der Posaunen standen wir nebeneinander auf der Wiese. Er spielte Tenorhorn. Und einer sagte: „Bis morgen!", als er ging. „Da bin ich schon weg", sagte er lachend, als er aufs Fahrrad stieg, und alle dachten, er werde verreisen.

Vater von drei Kindern, Flüchtling aus dem Osten. Als es ihm zu eng wurde um die Seele: abgehauen. Mit einem Mädchen, das später seine Frau wurde. Vor fünfunddreißig Jahren. Er wollte lebendig bleiben. Arbeitete sich hoch, wurde Gütekontrolleur. Seine Kinder sind alle was geworden. Aber irgendwann fing das wieder an. Die Welt tut zuerst von innen weh. Dieser Käfig ums Herz! Die Frau soll's nicht merken. Der Betrieb soll's nicht merken. Das Dorf soll's nicht merken. Der Verein soll's nicht merken. Der Pastor soll's nicht merken.

Er läuft und läuft und läuft. Er haut ab. Rein in die Leistung. Er wird befördert, wird gelobt. Spielt mit seinen Söhnen Bachchoräle auf der Posaune. Aber danach. Wo ist das Leben. Er übt vor dem Spiegel: gute Miene, Epiphaniaslächeln. Es gelingt stets. Kunststück. Verzweifelt vertieft er sich in den Glauben seines väterlichen Freundes. Der hat immer leuchtende Augen.

Er liest die Bibel hoch und runter, findet Hiob, aber keine Erlösung. Bei allem ist er fröhlich, auffällig fröhlich. Er raucht nicht. Er trinkt nicht. Er spricht nur Fröhliches. Er schweigt nur Fröhliches. Er kommt immer pünktlich. Zur Arbeit. Zum Verein. Nach Hause. Er fehlt nie, wenn er gebraucht wird. Er repariert das Dach, bestellt den Garten, geht zum Posaunenverein. In den Übungsstunden sitzt er neben dem Bestatter. Bei Bachchorälen spielt er immer den hellen Tenor über dem dunklen Bass.

Nun musste sein Nebenmann ihn holen. Die Kollegen hatten den Strick schon durchgeschnitten, am Fensterkreuz.

Verwegene Lesart

Wenn die Morgensonne im bunten Glas der hohen Chorfenster der Marienkirche innehält, entrollt sich auf dem Steinfußboden ein leuchtender Teppich, der bis an die westliche Empore reicht. Dort springt das Licht aufwärts und malt einer Sandstein-Madonna aus dem 15. Jahrhundert und dem Kind auf ihrem Arm bildschöne helle Gesichter. Sie antworten mit einer Anmut, wie ich sie selten sah. Das ist erstaunlich, denn der Mutter wurde das Gesicht zertrümmert und dem göttlichen Kind auf ihrem Arm der Kopf zerschlagen. Aber sie haben Haltung bewahrt. Mit der Zerstörung schien jede Falte des Gewandes an Bedeutung zu gewinnen und jede Wunde im Stein geriet zu einer eigenen Predigt. Der Meißel des Bildhauers schuf nur den Anfang ihrer Botschaft.

Alles, was sich in fünfhundert Jahren hier gesammelt hat, spricht nun mit und hat den stummen Wortschatz vermehrt. Unzählige Menschen haben in diese entstellten Züge geschaut und Halt und Trost in ihnen gefunden. Ihre stille Aussage hat manches unnütze Wort zum Schweigen gebracht. Wenn das Licht sich in den steinernen Kleidern sammelt, verstehen Mutter und Kind sich auch ohne Worte. Ihre Gesichter lernten sie gegenseitig auswendig. Das haben die Zerstörer in ihrer wütenden Eile vergessen. Es bleibt ungewiss, was sie beseitigen wollten. Getroffen haben sie Gottes menschliches Gesicht. Aber die Sehnsucht nach Veränderung konnten sie nicht auslöschen. Sie ist fortan in den entstellten Zügen verewigt. Das hat kein Steinmetz erdacht. Gott selbst fällt der menschlichen Geschichte so ins Wort. Mutter und Kind leihen sich ihre Worte von den Lippen derer, die sie anschauen, und warten darauf, immer neu gegen ihr Aussehen gelesen zu werden.

Niemandsland hat seine Zeit

„Ein jegliches hat seine Zeit,
und alles Vorhaben unter dem Himmel hat seine Stunde:
geboren werden hat seine Zeit, sterben hat seine Zeit;
pflanzen hat seine Zeit,
ausreißen, was gepflanzt ist, hat seine Zeit;
töten hat seine Zeit, heilen hat seine Zeit;
abbrechen hat seine Zeit, bauen hat seine Zeit;
weinen hat seine Zeit, lachen hat seine Zeit;
klagen hat seine Zeit, tanzen hat seine Zeit;
Steine wegwerfen hat seine Zeit,
Steine sammeln hat seine Zeit;
herzen hat seine Zeit,
aufhören zu herzen hat seine Zeit;
suchen hat seine Zeit, verlieren hat seine Zeit;
behalten hat seine Zeit, wegwerfen hat seine Zeit;
zerreißen hat seine Zeit, zunähen hat seine Zeit;
schweigen hat seine Zeit, reden hat seine Zeit;
lieben hat seine Zeit, hassen hat seine Zeit;
Streit hat seine Zeit, Friede hat seine Zeit.

Man mühe sich ab, wie man will,
so hat man keinen Gewinn davon."
(Prediger 3,1-9)

Ein kleiner bunter Punkt im Grau hinter dem geharkten
Streifen zwischen zwei Häusern mit Backsteinwunden im
Putz, das bin ich. Noch gut zu sehen auf diesem heimlichen Schnappschuss über die Mauer von West nach Ost.

Aber sie haben mir die Mauer aus dem Foto geklaut
und die spanischen Reiter und das Herzklopfen und die
Angst, erwischt zu werden.

Die alte Straße ist unverändert umstellt von den grauen Gründerzeithäusern, die ihre Scharten aus dem letzten
Krieg offen halten. Ein Verband aus Braunkohleruß klebt
auf roten Backsteinen zwischen dem löcherigen Putz.
Schwarzrotdreckiggelb. Wie oft habe ich als Kind die
freigeschossenen Steine im bröckelnden Stuck betrachtet
und mir ausgemalt, wie die Fassade aussähe, wenn sie gesund wäre. Ich lege den Finger in eine solche Wunde, weil
ich nicht glauben kann, dass ich das bin, der davorsteht.

Die Fenster ziehen sich Himmelsfarbe zwischen abgeblätterte Rahmen. Über den Schornsteinen werden die
Rauchfahnen dünn. Es ist Frühling.

Hier, hinter der märkischen Landschaft mit dem ewigen Sand und den Kiefernwäldern, bin ich zu Hause.
Aber die Mauer ist weg. Als wäre sie nie dagewesen! Erst
gossen sie ihren Beton mitten in meine Kinderseele. Jetzt
habe ich dort, wo all das fest und für die Ewigkeit gefügt
war, Löcher in der Brust. Bruchstellen, wie die Backsteinwunden an den Häusern. Erst jetzt bin ich wirklich ein

Fremdling im eigenen Land. Ich kenne mich nicht mehr aus. Die bedrohliche Stille, die früher hier lastete, ist dem gemütlichen Schweigen gewichen.

Während ich in Pankow durch die Straßen gehe, träume ich, wie ich in Pankow durch die Straßen gehe.

Was, wenn ich immer noch ich wäre?

Verknallt und schwermütig, unter der letzten Laterne vor dem Niemandsland in deinen Armen. Zurückgeblieben. Gewohnt in Pankow, bis zum Zerfall. Gealtert an dieser Straße mit ihren ewig fehlenden Pflastersteinen zwischen den Schienen, die im Beton verenden. Noch immer auf Spurensuche in den vertrauten Gesichtern der Freunde, ihre Aussichten im Auge, ihre Lieder im Ohr, ihre Sehnsucht im Herzen und ihre Angst in der Seele. In unserem grauen Land. Nicht auf der anderen, der sicheren Seite der Welt.

Ein jegliches hat seine Zeit.

Gehen und bleiben und wiederkommen.

Ich betrete die Eckkneipe am Bürgerpark und werde nicht platziert. Das Besteck ist nicht aus Blech. Der Hamburger schmeckt, wie überall auf der Welt, nach nichts.

Ein jegliches hat seine Zeit.

Der Blechnapf, in dem altes Öl und lauwarmes Wasser um Graupen kämpfen, und das erste frische Brötchen nach dem Knast mit Butter und Westwurst.

Die versessenen Lebenstage im Totenhaus mit Glasbausteinfenstern und deine haltbare Sehnsucht.

Die grauen Träume unter dem Neongespenst und das siegesgewohnte Blitzen deiner Augen beim Abtransport aus dem Gerichtssaal.

Der klirrende Gesang der Schlüssel und der feste Klang deiner Stimme nach dem verkündeten Urteil.

Die unaufhörlichen Kreise im Arrestkäfig und die unbekümmerten Hoffnungsrunden der Schrift in deinen Briefen.

Das Parteiabzeichen auf dem schwarzen Altweiberkostüm der Staatsanwältin und das haltbarste Bild im Herzen: du, strahlend im blau geblümten Sommerkleid mit Handschellen.

Ein jegliches hat seine Zeit.

Die Linden schlagen aus. Aber die alte Linde vor deinem Haus ist eingegangen.

Das schwimmende Auge des Bewachers im Spion und deine trotzigen Rufe aus dem Zellenfenster am Abend.

Das Standhalten im Verhör, auf dem Stuhl, der noch warm war von dir, und das allmähliche Wiederfinden im verkauften Bus.

Ein jegliches hat seine Zeit.

Im „Guten Buch" am Rathaus gibt es jetzt nur noch Westbücher.

Das scheue Schleichen der Filzpantoffeln über die Flure nach dem Takt der Bewacherstiefel und die behutsamen ersten Schritte über den Hof des Auffanglagers.

Der schweigende Durchgang zwischen Fanggittern, Alarmdraht und Schleusen und ein Kuss mit gefesselten Händen unter dem Geschrei der Aufpasser.

Ein jegliches hat seine Zeit.

Die Tassen im Café nebenan sind nicht mehr angeschlagen.

Aber der Bäcker riecht auch nicht mehr nach Bäcker.

Der schwere Filzmantel des Bewachers über dem Maschendraht der Freistundenbunker und die Leichtigkeit des Silbervogels über den karierten Wolken.

Der hoffnungslos endlose Transport im fensterlosen Abteil und die Ankunft im lichten Advent in Gießen.

Ein jegliches hat seine Zeit.

Ich kopiere in einem Laden im Osten eine Seite aus einer Westzeitschrift. Niemanden interessiert es.

Die Drillichlumpen über der zerrissenen Seele und die Wärme deines Körpers im gedämpften Dunkel des Busses hinter der Grenze.

Das Quietschen des Eisentores bei der Einfahrt ins Zuchthaus und das lautlose Passieren der Grenze beim Verlassen des Landes.

Blau karierte Bettwäsche in der Zelle und blau karierte Bettwäsche auf dem Gießener Federbett.

Jegliches hat seine Zeit.

Ich vergesse nicht, wie ein Kuss im Gerichtssaal schmeckt und wie der Kuss des Verräters brennt, und auch, dass Gerechtigkeit und Frieden sich nur in der Bibel küssen.

Ich vergesse nicht, was es wert ist, mein Brot von einem Teller zu essen, und was ein Mangel an Türklinken anrichtet und wie nachhaltig die Demütigung ist, die Schuhe mit beschlagnahmten Schnürsenkeln hervorrufen.

Ich vergesse nicht, was es gekostet hat, dass ich sagen darf, was ich denke, und welches Verbrechen es wäre, es nicht zu tun.

Ich lernte, was in meinem alten Glaubensbekenntnis: „niedergefahren zur Hölle" heißt und was nach 430 gemordeten Tagen „auferstanden von den Toten" bedeutet.

Jegliches hat seine Zeit.

Die Feindseligkeit der verlorenen Freunde und die Freundlichkeit der gewonnenen Feinde.

Die Kirche von unten mit Ohnmacht und Gott und Kirchenobrigkeiten mit Macht und ohne Gott.

Die Strahlen der Gnade und die Schatten der Verwalter.

Weit hinter mir, im Niemandsland am S-Bahn-Bogen, wo die Straßenbahnschienen vortäuschen, sich im Unendlichen zu schneiden, dort prallen noch immer Gottesreich und Weltreich aufeinander:

Pilatus wäscht sich die Hände. Kaiphas sitzt auf einer Ehrentribüne. Herodes verteilt weiße Westen. Judas hat keinem geschadet.

Jetzt weiß ich, was es heißt, eine Straße im Osten entlangzugehen und gleichzeitig im Westen zu sein.

Aber wenn du mich zurückbringst hinter die märkischen Wälder, kennst du mich noch. Du auf der Autobahn, siegesgewiss hinter dem Steuer eines VW, lehrst mich, die Zeichen der entgegenkommenden Zeit am Wegrand zu lesen:

Die Pfähle sind ohne Zaun,

die Laufgräben ohne Hunde,

die Bewacher ohne Grenze,

die Machthaber ohne Macht,

die Aufpasser ohne Angepasste,

die Verdienstorden ohne Verdienst,

die Bronzesockel ohne Bronze-Lenin,

die Fahnen ohne Emblem.

Der Osten ist weg.

Der Westen ist weg.

Jegliches hat seine Zeit.

Das alles und vieles mehr steht in den Steinen geschrieben, den Backsteinen, die irgendwann aufhören werden, aus dem Putz zu bluten. Wenn die Fassaden renoviert und die Wunden geschlossen sein werden, dort an der letzten Laterne vor dem Niemandsland, wirst du mir sagen, wo die Angst aufhört und die Auferstehung beginnt.

Ich zahle meine Rechnung in West. Niemand merkt es.